ESV
ERICH
SCHMIDT
VERLAG

AF572926

Kurzinformation
über
Arbeitsunfälle Wegeunfälle Berufskrankheiten

Eine Kurzdarstellung zu Versicherungsschutz, Versicherungsfällen, Leistungen, Meldepflichten, Verfahren und Rechtsfolgen bei schuldhaft herbeigeführten Arbeitsunfällen (mit Übersichten, Skizzen und Berechnungsbeispielen)

20., völlig neu bearbeitete Auflage

von Dr. Heinz Schieke, Dr. Heike Braunsteffer,
bearbeitet von Jörg Schudmann

Bibliografische Information Der Deutschen Bibliothek
Die Deutsche Bibliothek verzeichnet diese Publikation in der Deutschen Nationalbibliografie; detaillierte bibliografische Daten sind im Internet über *http://dnb.ddb.de* abrufbar.

Weitere Informationen zu diesem Titel
finden Sie im Internet unter
ESV.info/978-3-503-19109-3

1. Auflage 1973
.
.
14. Auflage 1997
15. Auflage 2000
16. Auflage 2003
17. Auflage 2006
18. Auflage 2010
19. Auflage 2016
20. Auflage 2021

ISBN: 978-3-503-19109-3

www.ESV.info

Satz: tinahoffmann.eu, Berlin
Druck und Bindung: Buch- und Offsetdruckerei H. Heenemann, Berlin

Vorwort 20. Auflage

Mit der 20. Auflage wird die Kurzinformation an zahlreiche gesetzliche Änderungen der letzten fünf Jahre angepasst. Berücksichtigt sind insbesondere

- das MTA-Reformgesetz vom 24.02.2021 (BGBl. I 2021, 297) mit Einführung eines vorrangigen Unfallversicherungsschutzes für alle Ärztinnen und Ärzte, die in Coronavirus-Impf- oder Testzentren tätig sind,
- das Arbeitsschutzkontrollgesetz vom 22.12.2020 (BGBl. I 2020, 3334), mit dem zum 01.01.2023 ein verpflichtender Datenaustausch zwischen Unfallversicherungsträgern und staatlichen Arbeitsschutzbehörden über Betriebsbesichtigungen und deren Ergebnisse eingeführt wird,
- das siebte SGB IV-Änderungsgesetz vom 12.06.2020 (BGBl. I 2020, 1248), mit dem das Berufskrankheitenrecht und Vorschriften zum Jahresarbeitsverdienst reformiert wurden,
- das zur Bekämpfung der Corona-Pandemie geschnürte Sozialschutz-Paket II vom 20.05.2020 (BGBl. I 2020, 1055) mit der Einführung eines § 218 g SGB VII,
- das Gesetz zur Änderung des Bundesversorgungsgesetzes und anderer Vorschriften vom 17.07.2017 (BGBl. I 2017, 2541) mit Erweiterung des SGB VII um § 47 a,
- das Bundesteilhabegesetz vom 23.12.2016 (BGBl. I 2016, 3234), das eine Weiterentwicklung von Teilhabeleistungen beinhaltet,
- das Heil- und Hilfsmittelversorgungsgesetz vom 04.04.2017 (BGBl. I 2017, 778), mit dem der Unfallversicherungsschutz für nebenberuflich tätige Notärztinnen und Notärzte neu geregelt wurde
- das zweite Pflegestärkungsgesetz vom 21.12.2015 (BGBl. I 2015, 2424) mit einer Veränderung des Unfallversicherungsschutzes für Pflegepersonen.

Außerdem ist die aktuelle Rechtsprechung des Bundessozialgerichts etwa zum Unfallversicherungsschutz beim Arbeiten zur Probe, im Home-Office, auf Wegen von oder zum dritten Ort oder beim Tanken auf dem Heimweg eingearbeitet.

Neu ist die Übersicht zu Versicherungsfällen bei Blut-, Organ- und Gewebespenden einschließlich der Voruntersuchungen und Nachsorgemaßnahmen. Schließlich sind die Ausführungen zu Leistungen, Verfahren und Geldbeträgen aktualisiert.

Im Übrigen aber sind Konzeption und Zielrichtung auch dieser Auflage unverändert geblieben, nämlich eine handliche, übersichtliche und fundierte Darstellung über die gesetzliche Unfallversicherung anzubieten. Sie enthält umfassende und allgemein verständliche Informationen für alle Personen und Institutionen, die mit Fragen zur gesetzlichen Unfallversicherung befasst sind. Besonders angesprochen sind Unternehmerinnen und Unternehmer, Verantwortliche in Unternehmensleitungen und Personalabteilungen, Führungskräfte in Betrieben und Organisationen, Frauen und Männer mit Meisterbrief, Fachkräfte für Arbeitssicherheit und Sicherheitsbeauftragte ebenso wie Betriebsräte, Personalräte und Mitarbeitervertretungen,

Arbeitgeberverbände, Gewerkschaften sowie Mitglieder in Selbstverwaltungen und Ausschüssen der Unfallversicherungsträger.

Weiterführender Hinweis: Ausführlichere Erläuterungen finden sich zum Beispiel bei Schönberger/Mehrtens/Valentin „Arbeitsunfall und Berufskrankheit"; Mehrtens/Brandenburg „Die Berufskrankheitenverordnung (BKV)" (Loseblattwerk); Bereiter-Hahn/Mehrtens "Gesetzliche Unfallversicherung" (Loseblattwerk); alle Erich Schmidt Verlag; Schlegel/Voelzke: jurisPraxisKommentar – SGB VII, 2. Auflage 2014.

Inhaltsverzeichnis

Die gesetzliche Unfallversicherung als Teil der Sozialversicherung

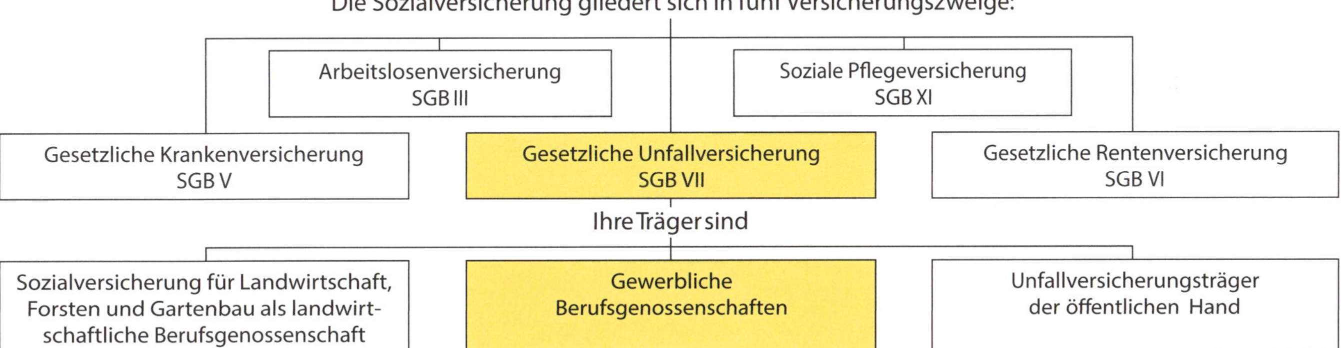

Seit dem 01.07.1885 gibt es die **gesetzliche Unfallversicherung** als eigenen Zweig der Sozialversicherung. Seit dem 01.01.1997 ist sie in dem Siebten Buch des Sozialgesetzbuches (SGB VII) geregelt. Es hat die Reichsversicherungsordnung (RVO) von 1911 abgelöst. Die gesetzliche Unfallversicherung gliedert sich in **drei Bereiche:** die gewerblichen Berufsgenossenschaften, die Sozialversicherung für Landwirtschaft, Forsten und Gartenbau (SVLFG) als landwirtschaftliche Berufsgenossenschaft und die Unfallversicherungsträger der öffentlichen Hand. Durch Fusionen und Zusammenschlüsse ist die Zahl der Unfallversicherungsträger in den vergangenen Jahren deutlich zurückgegangen. Aktuell (Stand: 15.02.2021) gibt es als bundesweit zuständige Träger 9 gewerbliche Berufsgenossenschaften, die SVLFG und für die öffentliche Hand die Unfallversicherung Bund und Bahn (vgl. die Übersicht im Anhang). Hinzu kommen 15 Unfallkassen, 4 Gemeindeunfallversicherungsverbände und 4 Feuerwehr-Unfallkassen als Unfallversicherungsträger der öffentlichen Hand, deren Zuständigkeitsgebiete sich auf Bundesländer oder Teile davon beschränken. Alle Unfallversicherungsträger unterliegen der staatlichen Aufsicht. Aufsichtsbehörde für die bundesweit zuständigen Träger ist auf dem Gebiet der Prävention das Bundesministerium für Arbeit und Soziales und im Übrigen das Bundesamt für soziale Sicherung (ehemals Bundesversicherungsamt). Spitzenverband der Unfallversicherungsträger ist der Deutsche Gesetzliche Unfallversicherung e.V. (DGUV).

Das auf Pflichtmitgliedschaft der beitragspflichtigen Unternehmer beruhende System der gesetzlichen Unfallversicherung ist nach den Urteilen des Bundessozialgerichts v. 09.05.2006 (B 2 U 34/05 R) und des Europäischen Gerichtshofs v. 05.03.2009 (C-350/07) **europarechtskonform**.

Die gesetzliche Unfallversicherung – Die gewerblichen Berufsgenossenschaften

• Die gesetzliche Unfallversicherung

wird geprägt durch die

- **Ablösung der Unternehmerhaftung** durch verschuldensunabhängige, öffentlich-rechtliche Versicherungsansprüche: Wer durch die Arbeit einen Gesundheitsschaden erleidet, hat keinen Anspruch auf Ersatz des Schadens gegen seinen Arbeitgeber bzw. seine Arbeitegeberin, dafür aber einen durchsetzbaren Anspruch gegen einen Träger der gesetzlichen Unfallversicherung,
- alleinige **Beitragszahlung durch Unternehmerinnen und Unternehmer,**
- Zusammenführung von Prävention, Rehabilitation und Entschädigung in einem Träger **(alles aus einer Hand),**
- **Branchengliederung** entsprechend den Gesundheitsrisiken im Interesse erfolgreicher Prävention,
- **paritätische Selbstverwaltung**, innerhalb derer gewählte Vertreterinnen und Vertreter der Versicherten und Arbeitgebenden ehrenamtlich die Angelegenheiten ihres Unfallversicherungsträgers selbst regeln und ihre branchenspezifischen Kenntnisse und Erfahrungen einbringen,
- Durchführung durch **Körperschaften des öffentlichen Rechts** (Berufsgenossenschaften, Unfallkassen u. a.).

• Die gewerblichen Berufsgenossenschaften

sind nach Branchen (Gewerbezweige) gegliederte Träger der gesetzlichen Unfallversicherung. Das bedeutet z. B.: Für ein Chemiewerk ist die Berufsgenossenschaft Rohstoffe und chemische Industrie (BG RCI) zuständig. Der Unternehmer bzw. die Unternehmerin muss Beiträge an die Berufsgenossenschaft (BG) zahlen. Die Arbeitnehmerinnen und Arbeitnehmer dieses Unternehmens sind bei dieser BG gegen Arbeitsunfälle und Berufskrankheiten versichert. Eine Übersicht der gewerblichen BGen und der übrigen Unfallversicherungsträger befindet sich im Anhang.

Die Aufgaben der gesetzlichen Unfallversicherung

Prävention und Erste Hilfe

Die Träger der Unfallversicherung haben in erster Linie die Aufgabe, **mit allen geeigneten Mitteln**

- Arbeitsunfälle und Berufskrankheiten sowie
- arbeitsbedingte Gesundheitsgefahren (= erweiterter Präventionsauftrag) zu verhüten und
- für eine wirksame Erste Hilfe zu sorgen.

Die Prävention hat für die gesetzliche Unfallversicherung schon immer Vorrang vor dem Ausgleich des Schadens. Dies hat zu einem hohen Stand der Arbeitssicherheit in den Unternehmen geführt. Seit 1997 müssen die Unfallversicherungsträger auch den Ursachen von arbeitsbedingten Gefahren für Leben und Gesundheit nachgehen.

Neben den Unfallversicherungsträgern haben auch Bund und Länder als staatliche Aufgabe einen Präventionsauftrag. Die dafür zuständigen staatlichen Arbeitsschutzbehörden (z. B. Gewerbeaufsichtsämter) werden auf der Grundlage des Arbeitsschutzgesetzes, die Unfallversicherungsträger hingegen gemäß dem SGB VII und autonomer Rechtsetzung in Form von Unfallverhütungsvorschriften tätig (sog. **Dualismus im Arbeitsschutz**). In der gemeinsamen deutschen Arbeitsschutzstrategie arbeiten staatliche Arbeitsschutzbehörden und Unfallversicherungsträger eng zusammen und stimmen sich ab (§§ 20 SGB VII, 20 a ArbSchG).

Die Unfallversicherungsträger erfüllen ihre Aufgaben (§§ 1, 14 ff. SGB VII) durch

- Mitarbeit an der Entwicklung, Umsetzung und Fortschreibung der gemeinsamen deutschen **Arbeitsschutzstrategie** (GDA) und der nationalen **Präventionsstrategie**
- Erlass von **Unfallverhütungsvorschriften** (UVVen) wie z. B. über die betriebsärztliche und sicherheitstechnische Betreuung oder über andere Maßnahmen, die Unternehmerinnen und Unternehmer zur Verhütung von Arbeitsunfällen, Berufskrankheiten und arbeitsbedingten Gesundheitsgefahren zu treffen haben, soweit staatliche Arbeitsschutzvorschriften hierüber keine Regelung enthalten. Die UVVen gelten auch für ausländische Unternehmen, die eine Tätigkeit im Inland ausüben.
- Erarbeitung und Weiterentwicklung eines umfassenden **Regelwerks** unterhalb dieser Vorschriftenebene zur Unterstützung der Unternehmen und Versicherten bei der Wahrnehmung ihrer Pflichten im Bereich Sicherheit und Gesundheit
- **Besichtigung** und **Beratung** der Unternehmen sowie **Überwachung** der Durchführung der Prävention durch **Aufsichtspersonen** mit Anordnungsbefugnissen. Ab dem Jahr 2023 müssen sich Unfallversicherungsträger und staatliche Arbeitsschutzbehörden im Wege elektronischer Datenübertragung über durchgeführte Betriebsbesichtigungen und deren Ergebnisse gegenseitig informieren (Artikel 1 und 9 a des Arbeitsschutzkontrollgesetzes vom 22. 12. 2020)
- **Schulung und Qualifizierung** von Unternehmerinnen und Unternehmern, Versicherten und anderen Akteurinnen und Akteuren zu Sicherheit und Gesundheit bei der Arbeit
- Untersuchung von Unfällen und Gefährdungen bei Berufskrankheiten
- **Ausbildung** von Ersthelferinnen und Ersthelfern
- **Forschung** zu Arbeitsunfällen, Berufskrankheiten und arbeitsbedingten Gesundheitsgefahren

Rehabilitation und Entschädigung

Die Träger der Unfallversicherung haben weiterhin die Aufgabe, nach Eintritt von Arbeitsunfällen oder Berufskrankheiten

- die Gesundheit und die Leistungsfähigkeit der Versicherten mit **allen geeigneten Mitteln** wiederherzustellen
- die Versicherten oder ihre Hinterbliebenen zu **entschädigen**.

Sie tun dies durch

- **Heilbehandlung einschließlich medizinischer Rehabilitation**, indem sie den verursachten Gesundheitsschaden beseitigen oder bessern, seine Verschlimmerung verhüten und seine Folgen mildern,
- **Leistungen zur Teilhabe am Arbeitsleben und zur sozialen Teilhabe**, indem sie die Versicherten möglichst dauerhaft beruflich eingliedern und Hilfen zur selbstständigen Bewältigung der Anforderungen des täglichen Lebens und zur Teilhabe am Leben in der Gemeinschaft bereitstellen,
- **Leistungen bei Pflegebedürftigkeit**, indem sie Pflegegeld zahlen, eine Pflegekraft stellen oder Heimpflege gewähren.

- **Zahlung von Geldleistungen**, indem sie während der Heilbehandlung und der beruflichen Eingliederung Entgeltersatz- bzw. unterhaltssichernde Leistungen (Verletzten- bzw. Übergangsgeld) erbringen und nach der Heilbehandlung Renten, Beihilfen, Abfindungen zahlen.

(§§ 1 Nr. 2, 26 ff. SGB VII)

Die versicherten Personen

Nur wer zum Kreis der versicherten Personen gehört, d.h. nach Gesetz, Satzung oder durch freiwilligen Beitritt überhaupt unfallversicherungsrechtlich geschützt ist, kann Leistungen aus der gesetzlichen Unfallversicherung erhalten. Anders als z.B. in der privaten Unfallversicherung ist aber eine Person in der gesetzlichen Unfallversicherung nicht umfassend gegen Unfälle versichert, sondern immer nur **im Zusammenhang mit einer bestimmten Tätigkeit.** So sind Personen, die bei Unglücksfällen – z.B. nach einem Verkehrsunfall – Hilfe leisten und im Zusammenhang mit dieser Hilfeleistung verletzt werden, versichert und erhalten Leistungen aus der gesetzlichen Unfallversicherung. Wenn die Hilfeleistung beendet ist, erlischt auch der Unfallversicherungsschutz wieder. Das bedeutet: **Nur eine Tätigkeit, die versichert ist, macht eine Person zu einer versicherten Person.**

Versichert sind Personen als Beschäftigte oder vergleichbar Tätige, wenn das Beschäftigungsverhältnis im **Inland** besteht bzw. die vergleichbare Tätigkeit im Inland ausgeübt wird. Wer für eine begrenzte Zeit ins **Ausland** entsandt wird, bleibt dort weiterhin versichert (sog. Ausstrahlung). Für Entsendungen von Arbeitnehmerinnen und Arbeitnehmern in EU-Mitgliedsstaaten bzw. in Staaten, für die Sozialversicherungsabkommen gelten, ist Näheres in den EG-Verordnungen Nr. 883/2004 und Nr. 987/2009 bzw. in den jeweiligen Abkommen geregelt (eine Übersicht über bilaterale Sozialversicherungsabkommen findet sich z.B. auf der Website des Bundesministeriums für Arbeit und Sozialordnung).

Wer als sog. Nothelferin bzw. Nothelfer z.B. bei einem Unglücksfall Hilfe leistet, ist dabei auch im Ausland versichert, wenn die helfende Person ihren Wohnsitz im Inland hat. Gleiches gilt für eine Blutspende oder eine nach den Vorgaben des Transplantationsgesetzes durchgeführte Organspende im Ausland (§ 2 Abs. 3 Satz 5 SGB VII).

Wie wird man zur versicherten Person?

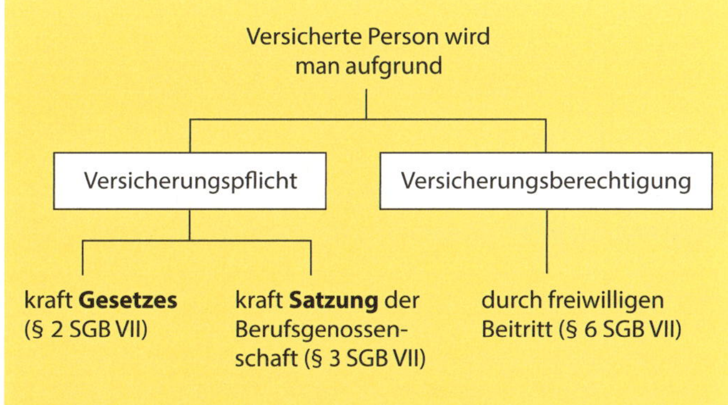

Bei einer Versicherungs**pflicht** entsteht der Versicherungsschutz mit der Aufnahme eines Arbeitsverhältnisses oder einer anderen versicherten Tätigkeit, d.h., auf die Zahlung von Beiträgen oder den Willen der versicherten Person kommt es nicht an.

Bei der Versicherungs**berechtigung** hingegen entsteht der Versicherungsschutz erst aufgrund eines Antrages bei der Berufsgenossenschaft.

Versicherung kraft Gesetzes

Beschäftigte und vergleichbare Personengruppen
§ 2 Abs. 1 Nr. 1 – 7 SGB VII

zu den **Beschäftigten** zählen **alle** Arbeitnehmerinnen und Arbeitnehmer. **Vergleichbare Personengruppen** sind z. B.

- Lernende während der beruflichen Aus- und Fortbildung in Bildungseinrichtungen
- Personen, die sich im Zusammenhang mit einer versicherten Tätigkeit auf Veranlassung des Unternehmens oder einer Behörde vorgeschriebenen Untersuchungen oder Prüfungen unterziehen (z. B. arbeitsmedizinische Pflichtvorsorge oder Erstuntersuchung nach § 32 Jugendarbeitsschutzgesetz)
- in anerkannten Werkstätten oder bei Anbietern im Sinne des § 60 SGB IX tätige Menschen mit Behinderungen
- Landwirtinnen und Landwirte, Hausgewerbetreibende sowie Küstenschiffer und -fischer(innen) und ihre mitarbeitenden Ehegatten oder eingetragenen Lebenspartnerinnen bzw. -partner

Nicht versichert sind dagegen u. a.

- Beamtinnen und Beamte und ihnen Gleichgestellte, § 4 Abs. 1 Nr. 1 SGB VII
- Ordensmitglieder und Diakonissen bei sicherem Anspruch auf Versorgung durch die Gemeinschaft, § 4 Abs. 1 Nr. 3 SGB VII

Kinder(1)/Schülerinnen und Schüler(2)/
Studierende(3)
§ 2 Abs. 1 Nr. 8 a – c SGB VII

während

- (1) des Besuchs von Tageseinrichtungen wie z. B. Kinderkrippen und -gärten, zu deren Betrieb eine behördliche Erlaubnis erforderlich ist, während der Betreuung durch von den Jugendämtern vermittelte Tagespflegepersonen (z. B. Tagesmütter) und während der Teilnahme an vorschulischen Sprachförderkursen, wenn die Teilnahme aufgrund landesrechtlicher Regelungen erfolgt
- (2) des Besuchs von allgemein- oder berufsbildenden Schulen einschließlich der Betreuungsmaßnahmen, die von oder mit der Schule unmittelbar vor oder nach dem Unterricht durchgeführt werden
- (3) während der Aus- und Fortbildung an Hochschulen

KRAFT GESETZES VERSICHERT SIND u. a.

Personen, die im Interesse der Allgemeinheit tätig werden
§ 2 Abs. 1 Nr. 9 – 13, Abs. 1 a und Abs. 3 SGB VII

insbesondere
- Personen, die selbstständig oder unentgeltlich im **Gesundheitswesen** oder in der **Wohlfahrtspflege** tätig sind, **nicht** aber, wer als Arzt/Ärztin, Tierarzt/Tierärztin, Psychotherapeut(in), Heilpraktiker(in) oder Apotheker(in) selbstständig tätig ist (§ 4 Abs. 3 SGB VII),
- Personen, die für Institutionen des **öffentlichen Rechts** oder deren Verbände oder im Auftrag von Gemeinden oder öffentlich-rechtlichen Religionsgemeinschaften, für Bildungs- oder erlaubnispflichtige Kinderbetreuungseinrichtungen oder in Unternehmen des Katastrophen- oder Zivilschutzes **ehrenamtlich** tätig sind
- wer als **Zeuge** herangezogen wird, ebenso wer **Blut** oder **Organe spendet** oder an dazugehörigen Voruntersuchungen oder Nachsorgemaßnahmen teilnimmt,
- wer bei Unglücksfällen oder besonderer Gefahr Hilfe leistet
- Notärztinnen und Notärzte, die nebenberuflich tätig sind
- seit 15. 12. 2020 auch Personen, die eine Tätigkeit als Ärztin oder Arzt in einem Coronavirus-**Impfzentrum** oder in einem dort angegliederten mobilen Team ausüben, und seit 04. 03. 2021 zusätzlich Ärztinnen und Ärzte in einem Coronavirus-**Testzentrum** oder in einem dort angegliederten mobilen Team (§ 218 Abs. 3 SGB VII, Art. 14 c und d des MTA-Reformgesetzes vom 24. 02. 2021)
- Personen, die einen Entwicklungs- oder Vorbereitungsdienst im Sinne des Entwicklungshelfergesetzes, einen entwicklungspolitischen Freiwilligendienst „weltwärts" oder einen Internationalen Jugendfreiwilligendienst leisten

Sonstige Personen
§ 2 Abs. 1 Nr. 14 – 17, Abs. 2 SGB VII

z. B.
- meldepflichtige Arbeitslose, die auf Aufforderung eine Stelle aufsuchen oder an einer geförderten Maßnahme teilnehmen
- Personen, die auf Kosten einer Krankenkasse oder eines Rentenversicherungsträgers stationär behandelt werden oder Leistungen zur medizinische Rehabilitation erhalten; ebenso Personen, die an Präventionsmaßnahmen eines Unfall- oder Rentenversicherungsträgers teilnehmen
- wer ein Eigenheim baut und dafür öffentliche Fördermittel erhält
- Personen, die einen pflegebedürftigen Menschen mit mindestens Pflegegrad 2 in dessen häuslicher Umgebung wenigstens 10 Stunden wöchentlich, verteilt auf regelmäßig zwei oder mehr Tage in der Woche, nicht erwerbsmäßig pflegen
- wer aufgrund strafrichterlicher, staatsanwaltlicher oder jugend-behördlicher Anordnung beschäftigt wird
- wer **wie eine Beschäftigte bzw. wie ein Beschäftigter** tätig wird

Im Besonderen: Personen, die wie eine Beschäftigte bzw. wie ein Beschäftigter tätig werden (§ 2 Abs. 2 Satz 1 SGB VII)

Erforderlich ist eine Tätigkeit, die

- ernsthaft und einem fremden Unternehmen zu dienen bestimmt ist,
- einen – wenn auch geringen – wirtschaftlichen Wert hat,
- dem wirklichen oder mutmaßlichen Willen des Unternehmers bzw. der Unternehmerin entspricht,
- ihrer Art nach normalerweise von Personen verrichtet wird, die in einem Beschäftigungsverhältnis stehen und
- im konkreten Fall arbeitnehmerähnlich ist und nicht in anderer Funktion oder Eigenschaft ausgeübt wird, also z. B. nicht unternehmerähnlich ist oder nicht durch eine Sonderbeziehung der Beteiligten zueinander wie Familie, Freundschaft, Nachbarschaft oder Vereinszugehörigkeit geprägt wird

Hiernach kann beispielsweise versichert sein

- eine Helferin oder ein Helfer bei der Panne eines privaten Kraftfahrzeugs,
- jemand, der Haus und Garten während des Urlaubs des Besitzers betreut. Es darf sich aber nicht um eine familiäre oder nachbarschaftliche Gefälligkeitsleistung handeln (wie z. B. das Beaufsichtigen des Enkelkindes durch die Großmutter während der Abwesenheit der Eltern).

Nicht versichert sind etwa Personen, die aufgrund mitgliedschaftsrechtlicher Verpflichtung z. B. in einem Verein tätig werden. Dies ist der Fall, wenn Vereinsmitglieder verpflichtet sind, Arbeiten für den Verein in einem bestimmten Umfang auszuführen. Unversichert sind auch geringfügige Tätigkeiten für den Verein, die der allgemeinen Übung entsprechen und von jedem Vereinsmitglied erwartet werden können. Gehen die Arbeiten aber über diesen Umfang hinaus, besteht Versicherungsschutz (z. B. umfassende Mitarbeit beim Bau eines Vereinshauses, zu der die Vereinsmitglieder nicht verpflichtet sind).

Auch bei einem unentgeltlichen **Probearbeitstag**, der nicht selten dem Abschluss eines Arbeitsvertrages im Rahmen eines Bewerbungsverfahren vorausgeht, kann Versicherungsschutz als sog. Wie-Beschäftigte(r) bestehen, wenn die betreffende Person dabei bereits Arbeit von auch nur geringem wirtschaftlichen Wert für das Unternehmen leistet. Dies hat das Bundessozialgericht im Fall eines Bewerbers bei einem Müllentsorgungsunternehmen, der an einem Probetag unter Aufsicht Abfälle eingesammelt und Mülltonnen transportiert hatte und dabei verunglückt war, mit Urteil vom 20. 08. 2019 (B 2 U 1/18 R) ausdrücklich klargestellt.

Versicherung kraft Satzung (§ 3 SGB VII)

KRAFT SATZUNG KÖNNEN VERSICHERT SEIN

Unternehmerinnen und Unternehmer sowie ihre im Unternehmen mitarbeitenden Ehegatten oder eingetragenen Lebenspartnerinnen bzw. -partner	unternehmensfremde Personen, die das Unternehmen aufsuchen oder auf der Betriebsstätte verkehren, auch wenn sie ihren Wohnsitz im Ausland haben

Diese Versicherung hat insbesondere Bedeutung für Unternehmerinnen und Unternehmer sowie ihre mitarbeitenden Ehegatten oder eingetragenen Lebenspartnerinnen bzw. -partner, weil diese – von wenigen Ausnahmen abgesehen – grundsätzlich nicht kraft Gesetzes versichert sind (zu den Ausnahmen s. S. 15). Die Entscheidung, ob ein Unfallversicherungsträger von der Möglichkeit der Versicherung kraft Satzung Gebrauch macht, trifft dessen Selbstverwaltung. In der Satzung des Trägers wird bestimmt, für welche dieser Personengruppen und ggf. unter welchen Voraussetzungen der Versicherungsschutz gegeben ist. **Nicht versichert** werden können Haushaltsführende, Unternehmerinnen und Unternehmer nicht gewerbsmäßig betriebener Binnenfischereien oder Imkereien, wer als Jagd- oder Fischereigast jagt oder fischt, und Reeder, die nicht zur Besatzung des Fahrzeugs gehören.

Die **Unfallkassen der Länder** können darüber hinaus für ehrenamtlich Tätige und bürgerschaftlich Engagierte, die nicht schon gesetzlich versichert sind (s. dazu S. 15), eine Versicherung kraft Satzung vorsehen (z. B. Mitarbeit in einem Verein zum Bau und zur Pflege eines Kinderspielplatzes in einem Neubaugebiet). Einige Unfallkassen (z. B. Nord, Bremen, Sachsen-Anhalt, Hessen, NRW, Rhl.-Pfalz) haben von dieser Möglichkeit Gebrauch gemacht. Seit 2015 kann auch für Schulkinder und Jugendliche, die an bestimmten Sprachförderkursen teilnehmen, die Satzung der Unfallkasse Versicherungsschutz einräumen.

Versicherung durch freiwilligen Beitritt (§ 6 SGB VII)

Unternehmerinnen und Unternehmer sowie ihre im Unternehmen mitarbeitenden Ehegatten oder eingetragene Lebenspartnerinnen bzw. -partner

Anders als die Beschäftigten sind die Unternehmerinnen und Unternehmer in der Regel nicht versicherungspflichtig (Ausnahmen sind z. B. im Gesundheitswesen oder in der Wohlfahrtspflege selbstständig Tätige oder kraft Satzung versicherte Unternehmerinnen und Unternehmer). Sie gehören mit ihrem Unternehmen zwar der BG an, sind aber nicht Versicherte der gesetzlichen Unfallversicherung. Sie können sich aber freiwillig bei ihrer BG versichern. Dies gilt auch für ihre im Unternehmen mitarbeitenden Ehegatten oder eingetragenen Lebenspartnerinnen bzw. -partner.

Personen, die in Kapital- oder Personenhandelsgesellschaften regelmäßig wie Unternehmer selbstständig tätig sind

zum Beispiel:

- GmbH-Geschäftsführerinnen und Geschäftsführer, die zugleich Gesellschafter sind und aufgrund ihres Kapitalanteils maßgebenden Einfluss auf die Gesellschaft haben.
- Vorstandsmitglieder einer AG, wenn diese nach ihrem Anstellungsvertrag nicht als Beschäftigte tätig werden.

Aber: Für diese Personen besteht in landwirtschaftlichen Unternehmen Versicherungspflicht (§ 2 Abs. 1 Nr.5 c SGB VII). Dagegen erstreckt sich die Pflichtversicherung für selbständig im Gesundheitswesen oder in der Wohlfahrtspflege Tätige (§ 2 Abs. 1 Nr. 9 SGB VII) nach dem Urteil des BSG v. 20.03.2018 (B 2 U 13/16 R) nicht auf Personen mit diesen Funktionen.

Für alle versicherungsberechtigten Personengruppen gilt:

Voraussetzung:
schriftlicher Antrag der oder des Versicherungsberechtigten bei dem Unfallversicherungsträger. Für die ehrenamtlich Tätigen (s. S. 19) kann auch die entsprechende Organisation den Antrag stellen und dabei von einer namentlichen Bezeichnung der zu versichernden Personen absehen. Zuständig ist hauptsächlich die Verwaltungs-BG. Der Beitrag dort beträgt für das Jahr 2021 je Versicherungsverhältnis 4,70 € (Quelle: www.vbg.de, Stand: 15.02.2021).

Der Unfallversicherung können freiwillig beitreten (Versicherungsberechtigte)

gewählte oder beauftragte Ehrenamtsträgerinnen und -träger in gemeinnützigen Organisationen

Hierzu zählen Personen, die
- durch ihre Wahl ein durch Satzung vorgesehenes Amt für eine gemeinnützige Einrichtung bekleiden, z. B. Vorstandsmitglieder oder Kassenwart von Vereinen oder
- im Auftrag oder mit Einwilligung des Vorstands besondere Aufgaben wahrnehmen, z. B. Sportwart, Schiedsrichter oder Leiter des Festausschusses eines Sportvereins.

Aber: Wer für öffentlich-rechtliche Organisationen oder solche des Gesundheitsdienstes oder der Wohlfahrtspflege ehrenamtlich tätig ist, ist schon gesetzlich versichert (s. S. 15) und braucht daher keine freiwillige Versicherung abzuschließen.

Personen, die in Gremien von Arbeitgeberorganisationen, Gewerkschaften und anderen Arbeitnehmervereinigungen oder für Parteien ehrenamtlich tätig sind

Zu den Arbeitnehmervereinigungen zählen alle, die eine sozial- oder berufspolitische Zielsetzung haben.
Zum Beispiel:
- Mitglieder von Tarifkommissionen
- Mitglieder der Ausschüsse und Vorstände

Auch für Parteien ehrenamtlich Tätige sind versicherungsberechtigt.

Beginn: mit dem Tag nach Eingang des Antrags
Ende: je nach Satzungsbestimmung am Ende des Kalenderjahres oder mit Ablauf des Monats, in dem der Berufsgenossenschaft die Kündigung zugegangen ist. **Achtung:** Wird der Beitrag oder Beitragsvorschuss nach Zugang des Beitragsbescheids nicht bis zum 15. des Folgemonats gezahlt, erlischt die Versicherung. Gezahlt ist erst, wenn der Beitrag der Berufsgenossenschaft zugegangen ist. Eine Nachentrichtung der Beiträge lässt den Versicherungsschutz nicht wieder aufleben. Neben der Zahlung ist eine Neuanmeldung erforderlich.
Ausnahme: U. U. erhält eine Unternehmerin oder ein Unternehmer aber Leistungen wie eine versicherte Person, siehe S. 56, 57.

Die Versicherungsfälle (Überblick)

Bei allen Versicherungen hängt die Leistungspflicht vom Eintritt des Versicherungsfalls ab.

Ausnahmsweise können Leistungen auch ohne Eintritt eines Versicherungsfalls zu erbringen sein. Dies kommt bei vorbeugenden Leistungen nach § 3 der Berufskrankheiten-Verordnung in Betracht, die dazu dienen, im Einzelfall der drohenden Entstehung einer Berufskrankheit entgegenzuwirken.

Das Gesetz nennt in § 7 Abs. 1 SGB VII als Versicherungsfälle

- **Arbeitsunfälle** und
- **Berufskrankheiten**.

Zu den Arbeitsunfällen zählen auch **Wegeunfälle** (§ 8 Abs. 2 Nr. 1 SGB VII), durch die der Versicherungsschutz auf die unmittelbaren Wege nach und von dem Ort der versicherten Tätigkeit wie z. B. der Arbeitsstätte erstreckt wird.

Als Sonderfälle zählt das Gesetz auch den Gesundheitsschaden des **ungeborenen Kindes** (§ 12 SGB VII) und den Gesundheitsschaden im Zusammenhang mit der **Blut- oder Organspende** (§ 12a SGB VII) zu den Versicherungsfällen.

Nur eine versicherte Person kann Leistungen aus der gesetzlichen Unfallversicherung erhalten.

- Geschützt ist nur die Person selbst, d. h. ihr **Leben** und ihre **Gesundheit**. Nicht geschützt sind ihr gehörende Sachen, wie z. B. die Uhr, die beim Unfall zerstört wird. Etwas anderes gilt allerdings, wenn ein Hilfsmittel, z. B. eine Brille, beschädigt wird oder wenn ein Sachschaden bei einem Einsatz als Nothelfer oder Lebensretter entstanden ist (§ 13 SGB VII).
- Geschützt ist die Person nur hinsichtlich der Verletzungen und Erkrankungen, die auf die **versicherte Tätigkeit** zurückzuführen sind. Versicherte Tätigkeit ist bei einem Beschäftigten zunächst seine eigentliche Arbeit, u. U. aber auch weitere Tätigkeiten, wenn zwischen dieser Tätigkeit und der eigentlichen Arbeit eine enge Verbindung besteht und sie dem Unternehmen dienen soll, so z. B. die Teilnahme an betrieblichen Gemeinschaftsveranstaltungen. Ob eine zu einem Unfall führende Verrichtung (noch) der versicherten Tätigkeit und damit der Risikosphäre des Unternehmens oder dem privaten Bereich der verunfallten Person zuzurechnen ist, ist eine **Wertentscheidung** über die Reichweite des gesetzlichen Unfallversicherungsschutzes, bei der alle Umstände des Einzelfalls zu berücksichtigen sind. Diese Wertentscheidung ist notwendig, weil die gesetzliche Unfallversicherung die Unternehmerhaftung ablöst (s. S. 10) und deshalb nur dafür einstehen kann, was in die Risikosphäre des Unternehmens fällt.
- Nach der ausdrücklichen gesetzlichen Regelung in § 7 Abs. 2 SGB VII schließt **verbotswidriges Handeln** wie z. B. ein Verstoß gegen Unfallverhütungsvorschriften einen Versicherungsfall **nicht** aus. Allerdings können **Leistungen versagt** werden, wenn der oder die Versicherte den Versicherungsfall bei Begehung einer schwerwiegenden **Straftat** erlitten hat (z. B. Wegeunfall infolge einer vorsätzlichen Straßenverkehrsgefährdung).

Der Arbeitsunfall
§ 8 Abs. 1 S. 1, Abs. 2 Nr. 5 SGB VII

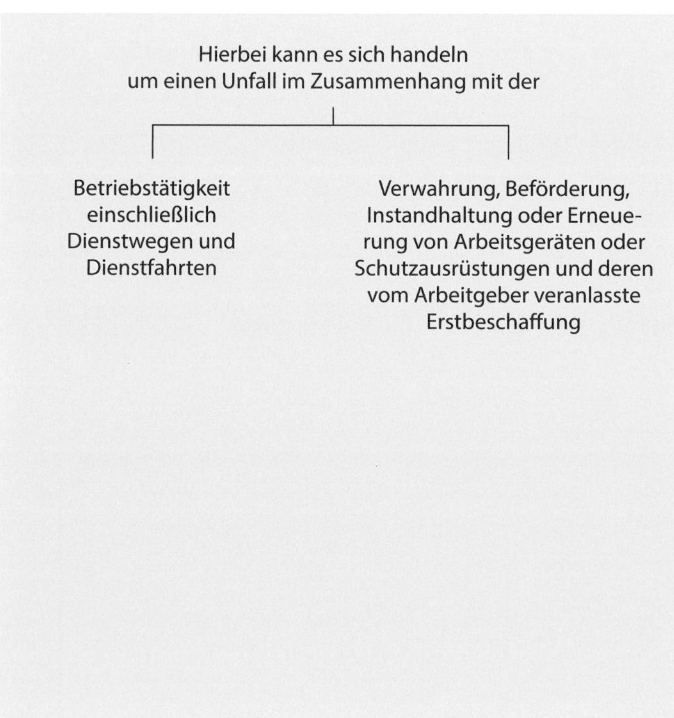

Der Wegeunfall
§ 8 Abs. 2 Nr. 1 – 4 SGB VII

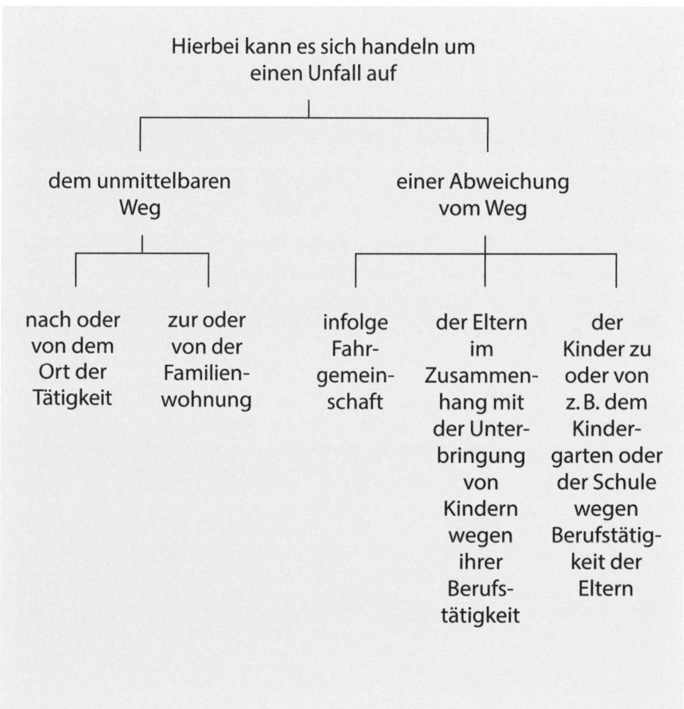

Die Berufskrankheit § 9 SGB VII

Hierbei kann es sich um Erkrankungen durch die versicherte Tätigkeit handeln, die

- in der Berufskrankheiten-Verordnung (BKV) als Berufskrankheiten aufgeführt sind, § 9 Abs. 1 Satz 1 SGB VII
- „wie" eine Berufskrankheit als Versicherungsfall anzuerkennen sind, weil neuere medizinische Erkenntnisse im Zeitpunkt der Entscheidung die Bezeichnung als Berufskrankheit rechtfertigen

Der Versicherungsfall einer Leibesfrucht, § 12 SGB VII

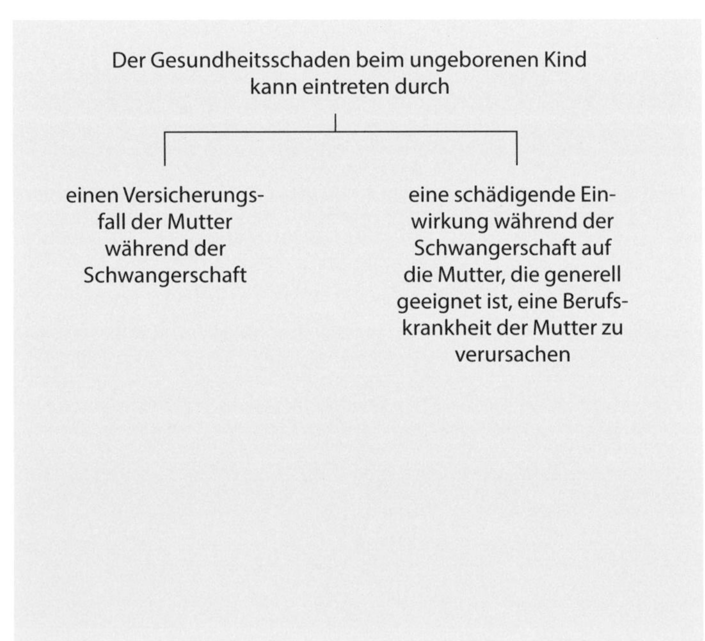

Erweiterte Versicherungsfälle bei Blut, Organ- und Gewebespenden und dafür erforderlichen Voruntersuchungen und Nachsorgemaßnahmen, § 12a SGB VII

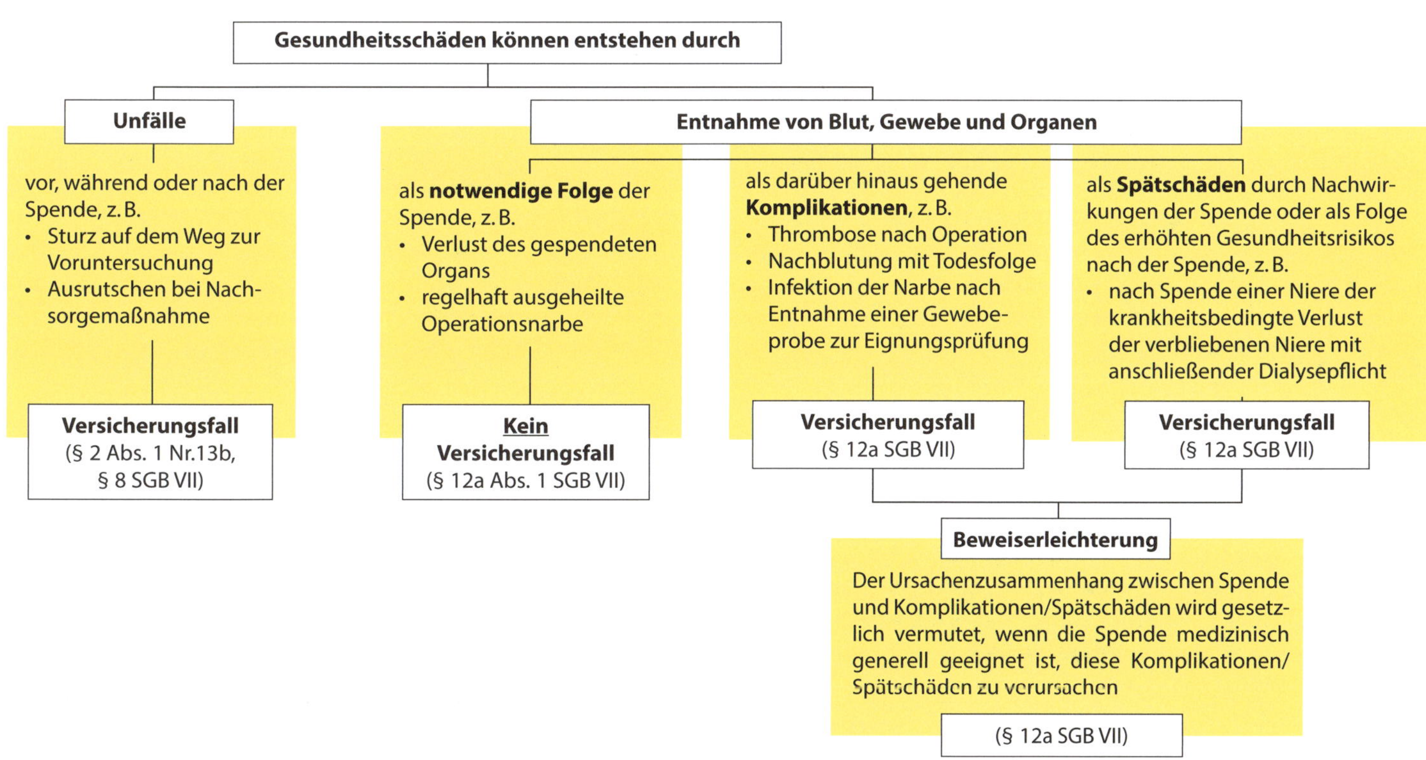

Der Arbeitsunfall

Ein Arbeitsunfall ist ein **Unfall** einer **versicherten Person**, der seine Ursache in der **versicherten Tätigkeit** hat.
Da die Person nie als solche, sondern immer nur im Zusammenhang mit einer bestimmten Tätigkeit versichert ist (s. S. 13), hängt die **Haftung** des Unfallversicherungsträgers, d. h. für die gesundheitlichen Folgen eines Unfalls einzustehen, von folgenden Voraussetzungen ab:

- Die Verrichtung zur Zeit des Unfalls (z. B. Betätigung der Kreissäge) ist der Tätigkeit, für die die Person dem Schutz der gesetzlichen Unfallversicherung unterliegt (z. B. Tätigkeit aufgrund des Arbeitsvertrags als Schreiner), zuzurechnen (= **innerer** oder sachlicher **Zusammenhang**),
- ein ursächlicher Zusammenhang zwischen dieser Verrichtung und dem Unfallereignis ist gegeben, z. B. der Kontakt der Hand mit der laufenden Kreissäge (= **Unfallkausalität**) und
- das Unfallereignis hat einen Gesundheitsschaden verursacht, z. B. Schnittwunden an der Hand (= **haftungsbegründender Zusammenhang**).
- Für den Umfang der Entschädigung kommt es darauf an, ob weitere Unfallfolgen, die mit dem Gesundheitserstschaden zusammenhängen, hinzu kommen und wie lange diese andauern (= **haftungsausfüllender Zusammenhang**).

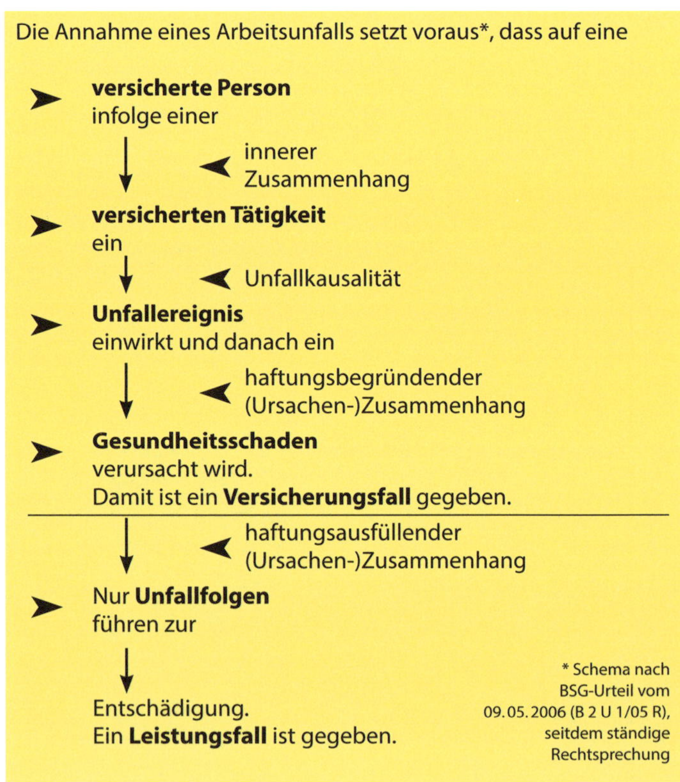

Die Voraussetzungen für die Annahme eines Arbeitsunfalls im Einzelnen

- **versicherte Person**

(vgl. S. 13 bis 19).

- **versicherte Tätigkeit**

Versicherungsschutz besteht nicht nur bei den Tätigkeiten, die den im Arbeitsvertrag enthaltenen Pflichten entsprechen, sondern auch bei Tätigkeiten, die auf Weisung durchgeführt werden und zwar selbst dann, wenn die Weisung private Angelegenheiten des Arbeitgebers betrifft. Wer aus eigener Initiative tätig wird, ist ebenfalls versichert, wenn die Tätigkeit aus der subjektiven Sicht der handelnden Person **dem Unternehmen dienen** sollte und die **objektiven Umstände** des Einzelfalls dies bestätigen (sogenannte **objektivierte Handlungstendenz**).

Auch **eigenwirtschaftliche Tätigkeiten im Betrieb** können versichert sein, wie z. B. die Wege zur Kantine in der Mittagspause oder zur Toilette, nicht aber die Verrichtung dort. Die Nahrungsaufnahme selbst ist nur ausnahmsweise versichert, etwa wenn besondere betriebliche Umstände ausschlaggebend sind wie z. B. beim Trinken an einem Hitzearbeitsplatz. Versichert ist auch die Teilnahme an einer **betrieblichen Gemeinschaftsveranstaltung** wie z. B. einer Weihnachtsfeier**,** wenn diese der Pflege der Verbundenheit zwischen Unternehmensleitung und Beschäftigten und der Beschäftigten untereinander dient, allen Betriebsangehörigen offen steht und die Planung und Durchführung der Feier als betriebliche Gemeinschaftsveranstaltung von der Unternehmensleitung auch tatsächlich gewollt ist. Nach neuerer Rechtsprechung können auch im Einvernehmen mit der Unternehmensleitung durchgeführte **Abteilungsfeiern** versichert sein, sofern auch die Abteilungsleitung teilnimmt (BSG-Urteil v. 05.07.2016, B 2 U 19/14 R). Die Teilnahme am **Betriebssport** ist versichert, wenn dieser dem Ausgleich für arbeitsbedingte Belastungen und nicht dem Wettkampf dient, regelmäßig stattfindet, der Teilnehmerkreis im Wesentlichen auf Unternehmensangehörige beschränkt ist, Übungszeit und Übungsdauer im Zusammenhang mit der betrieblichen Tätigkeit stehen und der Sport unternehmensbezogen organisiert ist. Auch Fußballspielen und andere Mannschaftssportarten sind als Betriebssport versichert, wenn es sich nicht um allgemeinen Wettkampf handelt. Unversichert sind z. B. Wettkämpfe und Turniere außerhalb der regelmäßigen Übungsstunden.

Arbeitnehmerinnen und Arbeitnehmer im **Home-Office** sind versichert, solange ihre objektivierte Handlungstendenz darauf gerichtet ist, ihrer Tätigkeit als Beschäftigte nachzukommen. Dies gilt auch für Wege zum Heimarbeitsplatz innerhalb der Wohnung. Darauf, dass diese Wege wesentlich betrieblich genutzt werden, kommt es nach neuerer Rechtsprechung nicht mehr an (BSG-Urteil v. 27.11.2018, B 2 U 28/17 R). Zur vom Bundesministerium für Arbeit und Soziales angestrebten Erweiterung des § 8 SGB VII um eine Regelung zum Unfallversicherungsschutz im Home-Office s. S. 32.

- **Unfall**

– ein **zeitlich** – auf längstens eine Arbeitsschicht – **begrenztes**
– **von außen** auf den Körper einwirkendes Ereignis,
– das zu einem **Gesundheitsschaden** oder zum **Tod** führt.

Gefordert wird nicht ein außergewöhnliches Geschehen, ein alltäglicher Vorgang (z.B. Umknicken) reicht aus. Wer erst infolge vieler kleiner Einwirkungen, die über mehr als eine Arbeitsschicht verteilt sind, geschädigt wird, erleidet keinen Unfall (z.B. aufgeplatzte Hände durch die Arbeit mit einer Schaufel an mehreren Tagen). Ein Ereignis von außen kann auch bei einer unkontrollierten körpereigenen Bewegung gegeben sein, z.B. Muskelzerrung beim Heben eines schweren Gegenstandes. Auch Einwirkungen auf die Psyche oder Sinneswahrnehmungen (z.B. das Sehen einer konkreten Gefahrensituation mit psychischen Folgen) können den Begriff des äußeren Ereignisses erfüllen, nicht dagegen Selbstschädigungen oder Gesundheitsbeeinträchtigungen aus inneren Ursachen. Als Gesundheitsschaden gilt auch die Beschädigung oder der Verlust eines **Hilfsmittels.** Hierzu zählen u.a. Brillen, Gehstützen, Prothesen, Hörgeräte.

- **haftungsbegründender Zusammenhang**

liegt vor, wenn das äußere Ereignis rechtlich **wesentliche Ursache** für den Gesundheitsschaden ist (z.B. Schädelbruch durch Sturz auf den Kopf). Ein äußeres Ereignis verursacht einen Gesundheitsschaden aber dann nicht, wenn dieser im Wesentlichen allein auf eine Schadensanlage bei der versicherten Person zurückzuführen ist. Beispiel: Ein Versicherter stolpert leicht und ein Meniskusriss wird festgestellt. Hier ist das Stolpern nur die Gelegenheitsursache für das Zutagetreten eines bereits vorhandenen Körperschadens, da nur ein erheblich vorgeschädigter Meniskus durch eine solche geringfügige Alltagsbelastung reißen kann. Das äußere Ereignis (Stolpern) ist nicht wesentlich für den Körperschaden (Meniskusriss). Der Gesundheitsschaden wurde nicht **durch** die Arbeit verursacht, sondern ist nur zufällig **bei** der Arbeit zutage getreten (kein Arbeitsunfall).

- **innerer Zusammenhang**

ist gegeben, wenn die konkrete Handlung der versicherten Tätigkeit **zuzurechnen ist.** Ob dies der Fall ist, entscheidet meist der **Zweck der Handlung:** Herstellen eines Werkstücks für betriebliche Zwecke = versichert, für private Zwecke = nicht versichert. Bei Letzterem ist nur ein äußerer, d. h. zeitlicher und örtlicher Zusammenhang gegeben und mit der Tätigkeit wird nicht der Zweck verfolgt, dem Unternehmen zu dienen (s. auch S. 20 und 25).

- **Unfallkausalität**

ist gegeben, wenn die versicherte Tätigkeit die **rechtlich wesentliche Ursache** für den Unfall ist (Handverletzung beim arbeitsbedingten Bedienen der Kreissäge). Bei mehreren Ursachen sind diese objektiv zu werten. Bei einem Sturz in alkoholisiertem Zustand ist der Alkohol allein wesentliche Ursache, wenn die versicherte Person infolge Gangunsicherheit stürzt und sich verletzt (kein Arbeitsunfall). Dagegen ist die versicherte Tätigkeit rechtlich wesentliche (Mit-)Ursache, wenn der oder die Angetrunkene z. B. auf einer Öllache ausrutscht und deshalb stürzt (Arbeitsunfall gegeben).

- **haftungsausfüllender Zusammenhang**

ist gegeben, wenn durch den Gesundheits**erstschaden** rechtlich wesentlich **weitere Unfallfolgen** verursacht werden (z. B. steifes Bein nach Knieverletzung). Nur diese Folgen des Unfalls werden entschädigt. Als Folgen des Unfalls gelten auch Schäden, die infolge der Behandlung der direkten Unfallfolgen entstehen, z. B. bei der Durchführung der Heilbehandlung oder auf Wegen dorthin, bei Leistungen zur Teilhabe am Arbeitsleben, bei vorbeugenden Leistungen nach § 3 BKV oder nach Aufforderung des Unfallversicherungsträgers beim Aufsuchen von Stellen zur Vorbereitung solcher Leistungen (sogenannte mittelbare Unfallfolgen, § 11 SGB VII).

Der Wegeunfall

Durch § 8 Abs. 2 Nr. 1 – 4 SGB VII wird der Versicherungsschutz der gesetzlichen Unfallversicherung erweitert auf Unfälle, die im Zusammenhang mit der Zurücklegung des Weges zur oder von der eigentlich versicherten Tätigkeit geschehen. Zwischen dem Weg **nach und von dem Ort der Tätigkeit** und der eigentlich versicherten Tätigkeit besteht ein **innerer Zusammenhang,** wenn die versicherte Person den Weg in der **Absicht** zurücklegt, sich zur versicherten Tätigkeit zu begeben oder von ihr zurückzukehren.

Da der Wegeunfall ein Unterfall des Arbeitsunfalls ist, gilt das dort zur versicherten Person, zum Unfall und zum Zusammenhang Gesagte auch hier.

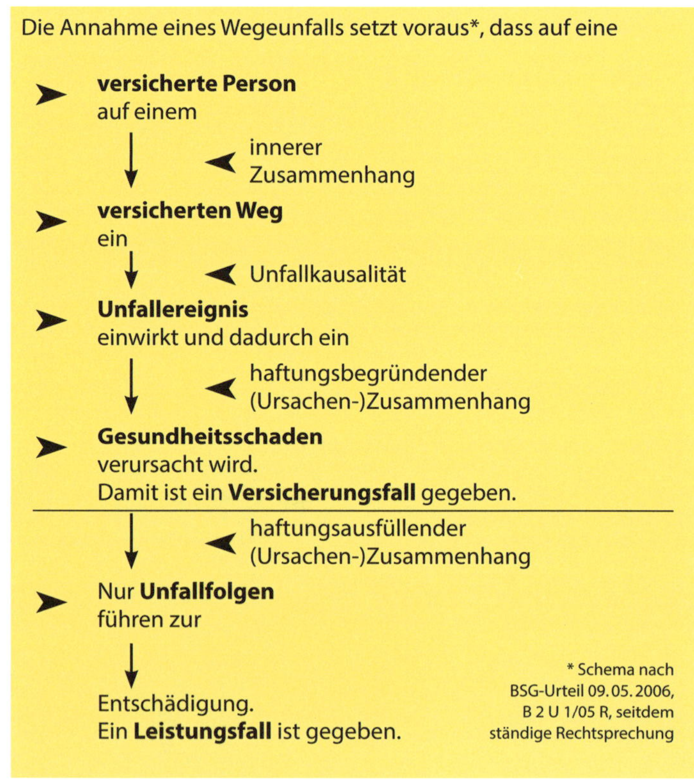

Die besonderen Voraussetzungen für die Annahme eines Wegeunfalls

- **versicherter Weg**

Versichert ist das Zurücklegen des unmittelbaren Weges vom oder zum Ort der Tätigkeit, also in der Regel der direkte Hin- und Rückweg zwischen der Wohnung und der Arbeitsstätte. Der Hinweg beginnt mit dem Verlassen der **Außenhaustür** des Gebäudes, in dem der oder die Versicherte wohnt. Dies gilt auch bei Mehrfamilienhäusern. Der Weg endet mit dem Betreten des Betriebsgeländes. Unfälle auf dem Betriebsgelände, die auf dem Weg zum Arbeitsplatz passieren, gelten als Arbeitsunfälle. Für den Rückweg gilt Entsprechendes.

Es muss nicht unbedingt der kürzeste, es kann auch der verkehrsgünstigste Weg zwischen Wohnung und Arbeitsstätte genommen werden. Auch irrtümlich befahrene Strecken können noch zum unmittelbaren Weg gehören, wenn der Irrtum auf wegebedingten Umständen wie Dunkelheit, Nebel, schlechte Beschilderung beruht (BSG-Urteil v. 20. 12. 2016, B 2 U 16/15 R). Der Weg muss nach der ojektivierten Handlungstendenz (s. S. 25) aber immer in der Absicht zurückgelegt werden, die Arbeitsstätte zu erreichen oder von ihr zurückzukehren.

Auch der Weg von der Arbeitsstätte zu einem anderen **(dritten) Ort** als der eigenen Wohnung oder von dort zur Arbeitsstätte kann versichert sein, z. B. nach Arbeitsende die Fahrt eines Versicherten zur Freundin oder vor Arbeitsbeginn von einem Arztbesuch zur Arbeitsstätte. Voraussetzung ist, dass der Aufenthalt am dritten Ort mindestens **zwei Stunden** gedauert hat oder dauern sollte. Bei kürzerem Aufenthalt liegt evtl. ein Um- oder Abweg vor (s. S. 30). Darauf, dass der Weg vom oder zum dritten Ort in einem angemessenen Verhältnis zum üblichen Weg steht, kommt es nach neuerer Rechtsprechung nicht mehr an (BSG-Urteil v. 30. 01. 2020, B 2 U 2/18 R).

- **innerer Zusammenhang**

ist auf allen **notwendigen** Wegen zur versicherten Tätigkeit und zurück gegeben.

– Bei **Unterbrechung** des Weges: Erledigt die versicherte Person auf dem Weg private Handlungen wie Einkäufe, Behördengänge, Besuche, so besteht hierbei kein Versicherungsschutz. Dies gilt nach der Rechtsprechung **auch** für **geringfügige** Unterbrechungen, z. B. Anhalten und Verlassen des Fahrzeugs, um einen Privatbrief in den Briefkasten zu werfen (BSG-Urteil v. 07. 05. 2019, B 2 U 31/17 R). Nach Beendigung der privaten Tätigkeit und Wiederaufnahme des ursprünglichen Weges lebt der Versicherungsschutz wieder auf. Wird der **Rückweg** für **zwei Stunden** oder länger unterbrochen, ist der restliche Weg nicht mehr versichert. Bei einer mindestens zweistündigen Unterbrechung des **Hinweges** besteht Versicherungsschutz erst ab dem Ende der Unterbrechung (der Ort der Unterbrechung gilt in diesem Fall als dritter Ort, s. oben).

- **(noch: innerer Zusammenhang)**

– Auf **Umwegen** und **Abwegen** besteht kein Versicherungsschutz. Ein solcher unversicherter Weg liegt vor, wenn die versicherte Person aus **privaten Gründen** den Weg verlängert (= Umweg) oder sich gar über das Ziel hinaus oder in eine andere Richtung bewegt (= Abweg). Dies gilt auch dann, wenn die Wegeverlängerung nur geringfügig ist. Bereits das Abbremsen des Autos auf dem Heimweg, um etwa zum privaten Einkauf nach links abzubiegen, bedeutet eine Zäsur und unterbricht den Versicherungsschutz so lange, bis die Fahrt in Richtung Wohnung wieder fortgesetzt wird (BSG-Urteil v. 04.07.2013, B 2 U 3/13 R). Verändert die versicherte Person den Weg nicht aus privaten, sondern aus betrieblichen oder wegebedingten Gründen (z. B. Umfahren eines Verkehrsstaus, Benutzen einer schnelleren Straße), bleibt der Versicherungsschutz bestehen. Das **Tanken** des für den Weg benutzten Fahrzeugs wird dem **Privatbereich** zugerechnet und unterbricht den Versicherungsschutz, nach neuerer Rechtsprechung in der Regel selbst dann, wenn das Tanken unvorhergesehen notwendig wird, um den Weg fortzusetzten (BSG-Urteil v. 30.01.2020, B 2 U 9/18 R). Auch andere **Vorbereitungshandlungen** wie z. B. das Überprüfen der Straße auf Eisglätte vor Fahrtantritt sind nach der Rechtsprechung **unversichert** (BSG-Urteil v. 23.01.2018, B 2 U 3/16 R).

– Bei **Wegen während der Arbeit** kommt es auf den Zweck an, dem der Weg dient: Der Weg in der Mittagspause, um Lebensmittel zum baldigen Verzehr während der Arbeit zu kaufen – nicht der Einkauf selbst –, ist versichert; ebenso der Weg zum Mittagessen außerhalb des Betriebsgeländes – nicht das Essen selbst.

- **Unfallkausalität**

ist gegeben, wenn das Zurücklegen des Weges **rechtlich wesentliche Ursache** für den Unfall ist. Die versicherte Person muss einer Gefahr erliegen, der sie notwendigerweise durch die Zurücklegung des Weges ausgesetzt war, z. B. ein Autounfall. Das ist z. B. aber **nicht** der Fall, wenn sie alkoholisiert und die Trunkenheit **allein** rechtlich wesentliche Ursache des Unfalls war. Von einem allein durch **Trunkenheit** verursachten Verkehrsunfall ist auszugehen, wenn der oder die Versicherte alkoholbedingt fahruntüchtig war und keine anderen erheblichen Verkehrsgefahren (z. B. falsches Verhalten anderer Autofahrer) beim Unfall mitgewirkt haben. Fahruntüchtigkeit liegt bei motorisierten Verkehrsteilnehmern bei einer Blutalkoholkonzentration ab 1,1 Promille, bei Radfahrern ab 1,6 Promille vor (bei niedrigeren Werten müssen zum Nachweis der Fahruntüchtigkeit alkoholtypische Fahrfehler wie z. B. leichtsinnige Fahrweise oder überhöhte Geschwindigkeit hinzukommen).

Sonderfall Familienheimfahrt

Nach § 8 Abs. 2 Nr. 4 SGB VII ist Versicherungsschutz auch auf dem direkten Weg von und nach der ständigen Familienwohnung gegeben, wenn der oder die Versicherte an dem Ort der Tätigkeit oder in dessen Nähe wegen der Entfernung zur eigenen Familienwohnung nur eine Unterkunft hat.

Es handelt sich hier um Fälle, in denen Versicherte insbesondere an Wochenenden oder Feiertagen zu ihren Familien nach Hause fahren. Das trifft auch auf ausländische Beschäftigte in Deutschland sowie auf vorübergehend im Ausland tätige Arbeitnehmerinnen und Arbeitnehmer zu, denen das inländische Unternehmen in gewissen Zeitabständen den Heimaturlaub gewährt. Hierbei ist zu beachten:

- Familienwohnung ist die Wohnung, die für eine längere Zeit den **Mittelpunkt der Lebensverhältnisse** der versicherten Person bildet:
  - bei Verheirateten, Lebenspartnerschaften oder anderen Paaren i. d. R. der Wohnort des Partners bzw. der Partnerin, es sei denn, das Paar lebt dauernd getrennt,
  - bei erwachsenen Kindern oder Ledigen unter Umständen noch die Wohnung der Eltern, solange sich kein neuer Mittelpunkt anderswo gebildet hat.
- Versichert ist der Weg zwischen
  - Arbeitsstätte und Familienwohnung,
  - Unterkunft am oder in Nähe des Tätigkeitsorts und Familienwohnung.
- Wird die Fahrt zur Familienwohnung nicht in zeitlichem Zusammenhang mit der versicherten Tätigkeit angetreten, entfällt der Versicherungsschutz, soweit die **Verzögerung** auf persönlichen Gründen beruht. Reisebedingte Gründe sind aber unerheblich, z. B. Ausruhen vor Antritt einer längeren Heimfahrt oder Warten auf besseres Wetter.

Sonderfall Wegeabweichung zur Unterbringung von Kindern und Wegeabweichung der Kinder

Nach § 8 Abs. 2 Nr. 2 a SGB VII ist auch dann Versicherungsschutz gegeben, wenn **die versicherte Person** vom unmittelbaren Weg zwischen der Wohnung und dem Ort der Tätigkeit abweicht, um ihr Kind fremder Obhut anzuvertrauen.

Neben den allgemeinen Grundsätzen des Versicherungsschutzes für Wegeunfälle müssen nebenstehende Voraussetzungen erfüllt sein.

Unter den gleichen Voraussetzungen ist auch **das Kind** selbst versichert, wenn es deshalb vom unmittelbaren Weg z. B. von oder zu dem Kindergarten oder der Schule abweicht, weil es wegen der Berufstätigkeit der Eltern fremder Obhut anvertraut wird (§ 8 Abs. 2 Nr. 3 SGB VII).

- Das Kind wird fremder Obhut anvertraut.
- Die fremde Obhut ist nötig wegen der beruflichen Tätigkeit der versicherten Person oder ihres Ehe- oder eingetragenen Lebenspartners bzw. ihrer -partnerin.
- Das Kind lebt im Haushalt des oder der Versicherten.
- Der Weg zur Unterbringung des Kindes wird mit dem Weg zur oder von der Arbeitsstätte verbunden. Fällt ein Weg zur Arbeitsstätte nicht an, etwa weil die versicherte Personen im **Home-Office** tätig ist, steht der Weg zwischen Heimarbeitsplatz und Unterbringungsort des Kindes **nicht** unter Unfallversicherungsschutz (BSG-Urteil v. 30.01.2020, B 2 U 19/18 R).*
- Versichert ist nur der **Weg,** nicht die Unterbringung selbst.

* Der Entwurf eines Gesetzes zur mobilen Arbeit des Bundesministeriums für Arbeit und Soziales vom 14.01.2021 sieht vor, dass auch Wege zum Unterbringungsort des Kindes vom Home-Office aus versichert sein sollen. Darüber hinaus soll gesetzlich geregelt werden, dass bei Tätigkeit im Home-Office im gleichen Umfang wie auf der Unternehmensstätte Unfallversicherungsschutz besteht. Ob dieser Entwurf tatsächlich zum Gesetz wird, war bei Redaktionsschluss für diese Auflage (08.03.2021) nicht abzusehen.

Sonderfall Wegeabweichung bei Fahrgemeinschaften

Nach § 8 Abs. 2 Nr. 2 b SGB VII ist auch dann Versicherungsschutz gegeben, wenn die versicherte Person vom unmittelbaren Weg zwischen der Wohnung und dem Ort der Tätigkeit abweicht, weil sie mit anderen berufstätigen oder versicherten Personen gemeinsam ein Fahrzeug benutzt. Hierbei ist zu beachten:

- Eine Fahrgemeinschaft ist der Zusammenschluss von Berufstätigen oder Versicherten zur gemeinsamen Benutzung eines Fahrzeugs auf dem Weg zur und von der Arbeit oder einem anderen Ort der versicherten Tätigkeit (z.B. Schule).
- Nicht notwendig ist, dass die Fahrzeuginsassen im gleichen Betrieb arbeiten.
- Es muss sich nicht um eine regelmäßige Fahrgemeinschaft handeln.
- Der Versicherungsschutz bleibt auch dann bestehen, wenn der im Rahmen der Fahrgemeinschaft zurückzulegende Weg die Summe der Einzelwege überschreitet.

Die Berufskrankheit

Nach § 9 Abs. 1 Satz 1 SGB VII sind Berufskrankheiten Krankheiten, die in der Berufskrankheiten-Verordnung (BKV) als solche bezeichnet sind (sog. Listenkrankheit, zur BK-Liste s. S. 38 bis 41) und die sich Versicherte durch ihre versicherte Tätigkeit zuziehen. Als Berufskrankheiten kommen nur Erkrankungen in Frage, die nach den Erkenntnissen der medizinischen Wissenschaft durch besondere Einwirkungen verursacht sind. Diesen Einwirkungen müssen bestimmte Personengruppen durch ihre Arbeit oder durch eine andere versicherte Tätigkeit in erheblich höherem Grade als die übrige Bevölkerung ausgesetzt sein. Berufskrankheiten sind also keine Allgemeinkrankheiten wie z. B. Herz-Kreislauf-Erkrankungen oder Diabetes. Die Prüfung medizinisch-wissenschaftlicher Erkenntnisse zur Bezeichnung von Berufskrankheiten obliegt dem Bundesministerium für Arbeit und Sozialordnung (BMAS), das dabei vom sogenannten ärztlichen Sachverständigenbeirat (ÄSVB) unterstützt wird (§ 9 Abs. 1a SGB VII). Ab dem Jahr 2021 sind die Beratungsthemen, die aktuell vom ÄSVB geprüft werden, vom BMAS zu veröffentlichen (§ 9 Abs. 3 BKV in der Fassung vom 12.06.2020).

Im Unterschied zum Arbeitsunfall, der ein plötzliches Ereignis darstellt, hängt die Anerkennung einer Erkrankung als Berufskrankheit i. d. R. von länger dauernden oder sich wiederholenden schädigenden Einwirkungen ab.

Vorbeugende Maßnahmen der Berufsgenossenschaft gegen Berufskrankheiten und die Zahlung von Übergangsleistungen nach einer unvermeidbaren Aufgabe der gefährdenden Tätigkeit sind in § 3 BKV geregelt.

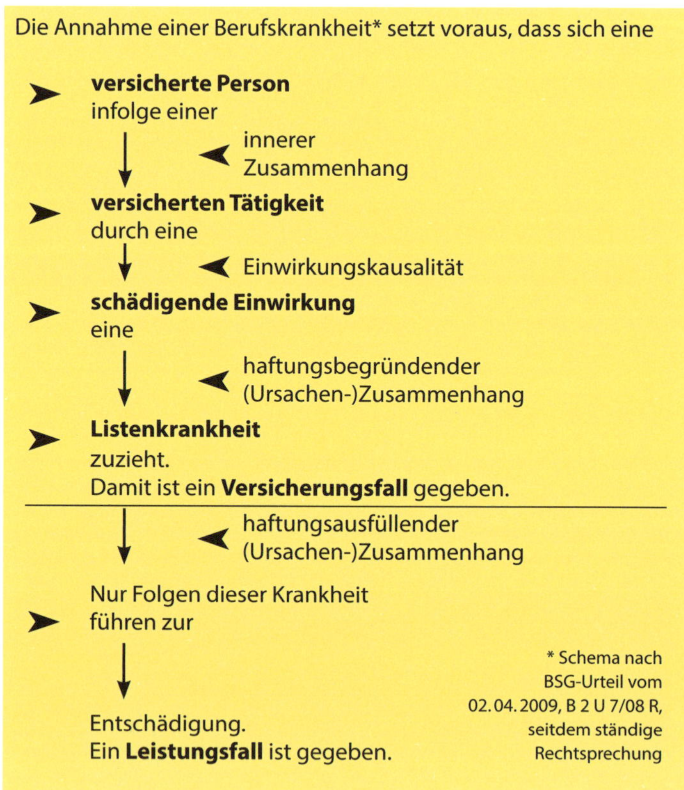

Die besonderen Voraussetzungen der Berufskrankheit

- **schädigende Einwirkung (arbeitstechnische Voraussetzungen)**

Hier ist die Frage angesprochen, welchen besonderen Einwirkungen der oder die Versicherte am Arbeitsplatz oder am Tätigkeitsort ausgesetzt war (z.B. Einwirkung von Lärm auf das Gehör). Zu berücksichtigen ist das gesamte Berufsleben der versicherten Person, d.h. auch weit zurückliegende Tätigkeiten an Arbeitsplätzen früherer Arbeitgeber oder – falls nicht mehr vorhanden – an vergleichbaren Arbeitsplätzen. Seit 01.01.2021 haben die Unfallversicherungsträger den ausdrücklichen gesetzlichen Auftrag, tätigkeitsbezogene Expositionskataster zu erstellen (§ 9 Abs. 3a SGB VII).

- **Krankheit (medizinische Voraussetzungen)**

im Sinne des Berufskrankheitenrechts ist jeder regelwidrige Körper- oder Geisteszustand, der zu einer Beeinträchtigung einer Körperfunktion führt (BSG-Urteil v. 27.06.2017, B 2 U 17/15 R). Es muss sich um eine Krankheit handeln, auf die die Bezeichnungen in der Berufskrankheitenliste (BK-Liste) zutreffen. Auf die Frage einer Behandlungsbedürftigkeit oder das Vorliegen einer Minderung der Erwerbsfähigkeit (MdE) kommt es für die Beurteilung des Versicherungsfalls nicht an. Dies wird erst wichtig für die Frage, ob Leistungen zu erbringen sind.

- **besondere Merkmale (versicherungsrechtliche Voraussetzungen)**

Bei bestimmten Berufskrankheiten müssen zusätzlich noch besondere Voraussetzungen erfüllt sein, z.B. bei Sehnenscheiden- und Hauterkrankungen (Nrn. 2101 und 5101 der BK-Liste) eine schwere oder wiederholt rückfällige Erkrankung. Der Zwang zur Unterlassung aller gefährdenden Tätigkeiten als weitere Anerkennungsvoraussetzung für diese Krankheiten sowie darüber hinaus für Durchblutungsstörungen an den Händen (Nr. 2104), für Wirbelsäulenerkrankungen (Nrn. 2108 bis 2110) und für Atemwegserkrankungen (Nrn. 1315, 4301 und 4302) ist zum 31.12.2020 gesetzlich entfallen. Die Unfallversicherungsträger müssen ihre Bescheide, in denen die Anerkennung einer dieser Erkrankungen deshalb als Berufskrankheit abgelehnt worden ist, weil die gefährdende Tätigkeit nicht unterlassen wurde, rückwirkend ab 1997 von Amts wegen überprüfen (§ 12 der Berufskrankheiten-Verordnung in der Fassung vom 12.06.2020).

- **Einwirkungskausalität**

Es muss ein rechtlich wesentlicher Zusammenhang zwischen der versicherten Tätigkeit und den schädigenden Einwirkungen am Arbeitsplatz bzw. am Tätigkeitsort gegeben sein. Wichtig ist somit der Zeitpunkt, in dem die Ursache für die Erkrankung gesetzt wurde, d.h. zum Zeitpunkt der schädigenden Einwirkungen muss die versicherte Tätigkeit ausgeübt worden sein. Der Zeitpunkt der Erkrankung kann und wird oft später liegen.

- **Haftungsbegründender Zusammenhang**

Es muss ein rechtlich wesentlicher Zusammenhang zwischen den schädigenden Einwirkungen und der Krankheit wahrscheinlich sein. Bei der Entscheidung über diesen Zusammenhang sind regelmäßig alle Umstände des Einzelfalls, insbesondere Art und Ausmaß der schädigenden Einwirkungen, Art und Verlauf der Befunde und Beschwerden, außerberufliche Einwirkungen und etwaige Vorerkrankungen sowie die medizinisch-wissenschaftlichen Erkenntnisse zur Entstehung der konkreten Krankheit zu berücksichtigen.

- **gesetzliche Vermutung des Zusammenhangs**

Zwischen den arbeitsplatzbezogenen Einwirkungen und einer in der BK-Liste bezeichneten Krankheit wird ein ursächlicher Zusammenhang gesetzlich vermutet (§ 9 Abs. 3 SGB VII), wenn eine versicherte Person auf Grund der besonderen Bedingungen ihres Arbeitsplatzes der Erkrankungsgefahr in noch **höherem Maß** als andere Versicherte ausgesetzt war. Dazu müssen generelle Erkenntnisse vorliegen, welche besonderen Bedingungen in welcher Weise das Erkrankungsrisiko zusätzlich erhöhen. Sind Anhaltspunkte für eine Verursachung der Erkrankung außerhalb der versicherten Tätigkeit gegeben, greift diese die Vermutungsregelung aber nicht.

- **Anerkennung einer Erkrankung „wie eine Berufskrankheit“**

In Einzelfällen ist nach § 9 Abs. 2 SGB VII auch eine nicht in der BK-Liste bezeichnete Krankheit wie eine Berufskrankheit anzuerkennen, wenn **zum Zeitpunkt der Entscheidung** folgende Voraussetzungen gegeben sind:

– eine bestimmte Personengruppe ist durch besondere Einwirkungen bei ihrer Arbeit erheblich höheren Gefährdungen ausgesetzt als andere Personen,
– diese Einwirkungen sind nach medizinisch-wissenschaftlichen Erkenntnissen generell geeignet, die Krankheit zu verursachen und
– diese Erkenntnisse sind nach der letzten Änderung der Berufskrankheiten-Verordnung neu hinzugekommen.

Diese Vorschrift stellt also keinen Auffangtatbestand für jede berufsbedingte Erkrankung dar, sondern will nur solche Erkrankungen, deren Aufnahme in die BK-Liste sich abzeichnet, berücksichtigen. D. h., der Unfallversicherungsträger darf nur dann eine Krankheit entschädigen, wenn alle Voraussetzungen einer Berufskrankheit erfüllt sind – bis auf die Aufnahme in die BK-Liste. „Wie eine Berufskrankheit“ werden insbesondere die Erkrankungen anerkannt, die der ärztliche Sachverständigenbeirat zur Bezeichnung als neue Berufskrankheit empfohlen hat, die aber noch nicht in die Berufskrankheiten-Verordnung aufgenommen sind. Diese Empfehlungen werden auf der Website der Bundesanstalt für Arbeitsschutz und Arbeitsmedizin veröffentlicht (www.baua.de).

Liste der Berufskrankheiten

Nach der Berufskrankheiten-Verordnung (BKV) in der Fassung vom 12.06.2020 (BGBl. I, S. 1279) umfasst die Liste der Berufskrankheiten seit der Änderung vom 10.07.2017 insgesamt 80 Krankheiten.

Die aktuelle Fassung der Berufskrankheiten-Verordnung ist am 01.01.2021 in Kraft getreten. Sie enthält die Änderungen des Berufskrankheitenrechts durch das 7. SGB IV-Änderungsgesetz vom 12.06.2020, insbesondere den Wegfall des Unterlassungzwangs als bisherige Anerkennungsvoraussetzung für bestimmte Berufskrankheiten und die gesetzliche Verankerung des ärztlichen Sachverständigenbeirats.

Seit 01.01.2021 gilt auch eine unbegrenzte Rückwirkung bei der Aufnahme neuer Krankheiten in die BK-Liste: Sie werden auch dann uneingeschränkt als Berufskrankheiten anerkannt, wenn Versicherte bereits vor der Neuaufnahme daran erkrankt waren (§ 9 Abs. 2 a Nr. 1 SGB VII).

Zu jeder Berufskrankheit hat das Bundesministerium für Arbeit und Soziales **Merkblätter** bzw. wissenschaftliche Begründungen herausgegeben, in denen die entsprechenden Krankheitsbilder, Diagnosen und Gefährdungen näher erläutert sind. Sie sind ein Hilfsmittel für die Ärzteschaft, Berufskrankheiten zu erkennen. Denn Ärztinnen und Ärzte haben die Pflicht, den Verdacht auf das Bestehen einer Berufskrankheit dem Unfallversicherungsträger anzuzeigen (§ 202 SGB VII). Zusätzlich sind diese Veröffentlichungen hilfreich, um eine einheitliche Entscheidungspraxis bei den Unfallversicherungsträgern sicherzustellen, weil sie wichtige Hinweise über den Stand der medizinisch-wissenschaftlichen Erkenntnisse beinhalten.

1 Durch chemische Einwirkungen verursachte Krankheiten

11 Metalle und Metalloide

11 01 Erkrankungen durch Blei oder seine Verbindungen

11 02 Erkrankungen durch Quecksilber oder seine Verbindungen

11 03 Erkrankungen durch Chrom oder seine Verbindungen

11 04 Erkrankungen durch Cadmium oder seine Verbindungen

11 05 Erkrankungen durch Mangan oder seine Verbindungen

11 06 Erkrankungen durch Thallium oder seine Verbindungen

11 07 Erkrankungen durch Vanadium oder seine Verbindungen

11 08 Erkrankungen durch Arsen oder seine Verbindungen

11 09 Erkrankungen durch Phosphor oder seine anorganischen Verbindungen

11 10 Erkrankungen durch Beryllium oder seine Verbindungen

12 Erstickungsgase

12 01 Erkrankungen durch Kohlenmonoxid

12 02 Erkrankungen durch Schwefelwasserstoff

13 Lösemittel, Schädlingsbekämpfungsmittel (Pestizide) und sonstige chemische Stoffe

13 01 Schleimhautveränderungen, Krebs oder andere Neubildungen der Harnwege durch aromatische Amine

13 02 Erkrankungen durch Halogenkohlenwasserstoffe

13 03 Erkrankungen durch Benzol, seine Homologe oder durch Styrol

13 04 Erkrankungen durch Nitro- oder Aminoverbindungen des Benzols oder seiner Homologe oder ihrer Abkömmlinge

13 05 Erkrankungen durch Schwefelkohlenstoff

13 06 Erkrankungen durch Methylalkohol (Methanol)

13 07 Erkrankungen durch organische Phosphorverbindungen

13 08 Erkrankungen durch Fluor oder seine Verbindungen

13 09 Erkrankungen durch Salpetersäureester

13 10 Erkrankungen durch halogenierte Alkyl-, Aryl- oder Alkylaryloxide

13 11 Erkrankungen durch halogenierte Alkyl-, Aryl- oder Alkylarylsulfide

13 12 Erkrankungen der Zähne durch Säuren

13 13 Hornhautschädigungen des Auges durch Benzochinon

13 14 Erkrankungen durch paratertiär-Butylphenol

13 15 Erkrankungen durch Isocyanate

Zu den Nummern 11 01 bis 11 10, 12 01 und 12 02, 13 03 bis 13 09 und 13 15: Ausgenommen sind Hauterkrankungen. Diese gelten als Krankheiten im Sinne dieser Anlage nur insoweit, als sie Erscheinungen einer Allgemeinerkrankung sind, die durch Aufnahme der schädigenden Stoffe in den Körper verursacht werden, oder gemäß Nummer 51 01 zu entschädigen sind.

13 16 Erkrankungen der Leber durch Dimethylformamid

13 17 Polyneuropathie oder Enzephalopathie durch organische Lösungsmittel oder deren Gemische

13 18 Erkrankungen des Blutes, des blutbildenden und des lymphatischen Systems durch Benzol.

13 19 Larynxkarzinom durch intensive und mehrjährige Exposition gegenüber schwefelsäurehaltigen Aerosolen

2 Durch physikalische Einwirkungen verursachte Krankheiten

21 Mechanische Einwirkungen

21 01 schwere oder wiederholt rückfällige Erkrankungen der Sehnenscheiden oder des Sehnengleitgewebes sowie der Sehnen- oder Muskelansätze

21 02 Meniskusschäden nach mehrjährigen andauernden oder häufig wiederkehrenden, die Kniegelenke überdurchschnittlich belastenden Tätigkeiten

21 03 Erkrankungen durch Erschütterungen bei Arbeit mit Druckluftwerkzeugen oder gleichartig wirkenden Werkzeugen oder Maschinen

21 04 schwere oder wiederholt rückfällige vibrationsbedingte Durchblutungsstörungen an den Händen

21 05 Chronische Erkrankungen der Schleimbeutel durch ständigen Druck

21 06 Druckschädigung der Nerven

21 07 Abrissbrüche der Wirbelfortsätze

21 08 Bandscheibenbedingte Erkrankungen der Lendenwirbelsäule durch langjähriges Heben oder Tragen schwerer Lasten oder durch langjährige Tätigkeiten in extremer Rumpfbeugehaltung, die zu chronischen oder chronisch-rezidivierenden Beschwerden und Funktionseinschränkungen (der Lendenwirbelsäule) geführt haben

21 09 Bandscheibenbedingte Erkrankungen der Halswirbelsäule durch langjähriges Tragen schwerer Lasten auf der Schulter, die zu chronischen oder chronisch-rezidivierenden Beschwerden und Funktionseinschränkungen (der Halswirbelsäule) geführt haben

21 10 Bandscheibenbedingte Erkrankungen der Lendenwirbelsäule durch langjährige, vorwiegend vertikale Einwirkung von Ganzkörperschwingungen im Sitzen, die zu chronischen oder chronisch-rezidivierenden Beschwerden und Funktionseinschränkungen (der Lendenwirbelsäule) geführt haben

21 11 Erhöhte Zahnabrasionen durch mehrjährige quarzstaubbelastende Tätigkeit

21 12 Gonarthrose durch eine Tätigkeit im Knien oder vergleichbare Kniebelastungen mit einer kumulativen Einwirkungsdauer während des Arbeitslebens von mindestens 13 000 Stunden und einer Mindesteinwirkungsdauer von insgesamt einer Stunde pro Schicht

21 13 Druckschädigung des Nervus medianus im Carpaltunnel (Carpaltunnel-Syndrom) durch repetitive manuelle Tätigkeiten mit Beugung und Streckung der Handgelenke, durch erhöhten Kraftaufwand der Hände oder durch Hand-Arm-Schwingungen

21 14 Gefäßschädigung der Hand durch stoßartige Krafteinwirkung (Hypothenar-Hammer-Syndrom und Thenar-Hammer-Syndrom)

22 Druckluft

22 01 Erkrankungen durch Arbeit in Druckluft

23 Lärm

23 01 Lärmschwerhörigkeit

24 Strahlen

24 01 Grauer Star durch Wärmestrahlung

24 02 Erkrankungen durch ionisierende Strahlen

3 Durch Krankheiten sowie Tropenkrankheiten

31 01 Infektionskrankheiten, wenn der Versicherte im Gesundheitsdienst, in der Wohlfahrtspflege oder in einem Laboratorium tätig oder durch eine andere Tätigkeit der Infektionsgefahr in ähnlichem Maße besonders ausgesetzt war

31 02 Von Tieren auf Menschen übertragbare Krankheiten

31 03 Wurmkrankheit der Bergleute, verursacht durch Ankylostoma duodenale oder Strongyloides stercoralis

31 04 Tropenkrankheiten, Fleckfieber

4 Erkrankungen der Atemwege und der Lungen, des Rippenfells und Bauchfells

41 Erkrankungen durch anorganische Stäube

41 01 Quarzstaublungenerkrankung (Silikose)

41 02 Quarzstaublungenerkrankung in Verbindung mit aktiver Lungentuberkulose (Siliko-Tuberkulose)

41 03 Asbeststaublungenerkrankung (Asbestose) oder durch Asbeststaub verursachte Erkrankung der Pleura

41 04 Lungenkrebs oder Kehlkopfkrebs
- in Verbindung mit Asbeststaublungenerkrankung (Asbestose),
- in Verbindung mit durch Asbeststaub verursachter Erkrankung der Pleura oder
- bei Nachweis der Einwirkung einer kumulativen Asbestfaserstaub-Dosis am Arbeitsplatz von mindestens 25 Faserjahren {25 · 106 [(Fasern/m3) · Jahre]}

41 05 Durch Asbest verursachtes Mesotheliom des Rippenfells, des Bauchfells oder des Pericards

41 06 Erkrankungen der tieferen Atemwege und der Lungen durch Aluminium oder seine Verbindungen

41 07 Erkrankungen an Lungenfibrose durch Metallstäube bei der Herstellung oder Verarbeitung von Hartmetallen

41 08 Erkrankungen der tieferen Atemwege und der Lungen durch Thomasmehl (Thomasphosphat)

41 09 Bösartige Neubildungen der Atemwege und der Lungen durch Nickel oder seine Verbindungen

41 10 Bösartige Neubildungen der Atemwege und der Lungen durch Kokereirohgase

41 11 Chronische obstruktive Bronchitis oder Emphysem von Bergleuten unter Tage im Steinkohlenbergbau bei Nachweis der Einwirkung einer kumulativen Dosis von in der Regel 100-Feinstaubjahren [(mg/m3) x Jahre]

41 12 „Lungenkrebs durch die Einwirkung von kristallinem Siliziumdioxid (SiO) bei nachgewiesener Quarzstaublungenerkrankung (Silikose oder Siliko-Tuberkolose)"

41 13 Lungenkrebs durch polyzyklische aromatische Kohlenwasserstoffe bei Nachweis der Einwirkung einer kumulativen Dosis von mindestens 100 Benzo[a]pyren-Jahren [(µg/m3) x Jahre]

41 14 Lungenkrebs durch das Zusammenwirken von Asbestfaserstaub und polyzyklischen aromatischen Kohlenwasserstoffen bei Nachweis einer Einwirkung einer kumulativen Dosis, die einer Verursachungswahrscheinlichkeit von mindestens 50 Prozent nach der Anlage 2 entspricht.

41 15 Lungenfibrose durch externe und langjährige Einwirkung von Schweißrauchen und Schweißgasen – (Siderofibrose)

42 Erkrankungen durch organische Stäube

42 01 Exogen-allergische Alveolitis

42 02 Erkrankungen der tieferen Atemwege und der Lungen durch Rohbaumwoll-, Rohflachs- oder Rohhanfstaub (Byssinose)

42 03 Adenokarzinome der Nasenhaupt- und Nasennebenhöhlen durch Stäube von Eichen- oder Buchenholz

43 Obstruktive Atemwegserkrankungen

43 01 Durch allergisierende Stoffe verursachte obstruktive Atemwegserkrankungen (einschließlich Rhinopathie)

43 02 Durch chemisch-irritativ oder toxisch wirkende Stoffe verursachte obstruktive Atemwegserkrankungen

5 Hautkrankheiten

51 01 Schwere oder wiederholt rückfällige Hauterkrankungen

51 02 Hautkrebs oder zur Krebsbildung neigende Hautveränderungen durch Ruß, Rohparaffin, Teer, Anthrazen, Pech oder ähnliche Stoffe

5103 Plattenepithelkarzinome oder multiple aktinische Keratosen der Haut durch natürliche UV-Strahlung

6 Krankheiten sonstiger Ursache

61 01 Augenzittern der Bergleute

Welche Leistungen sieht das Gesetz bei Eintritt des Versicherungsfalls vor?

Leistungen an Verletzte/Erkrankte

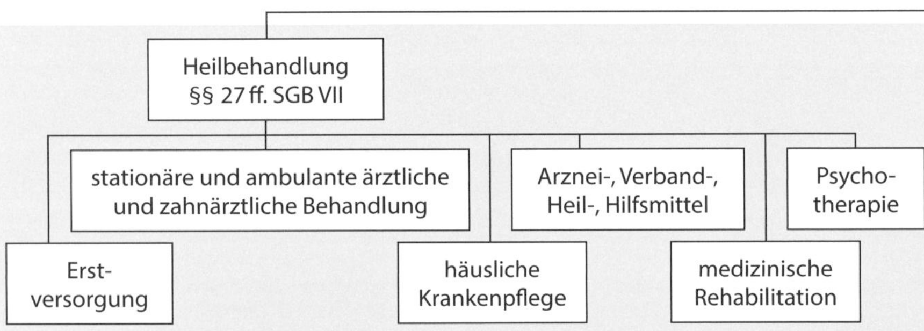

Ärztliche und zahnärztliche Behandlung müssen **erforderlich** und **zweckmäßig** sein. Soweit wegen der Art oder Schwere des Gesundheitsschadens eine besondere unfallmedizinische Behandlung erforderlich ist, kann die **freie Arztwahl eingeschränkt werden** (z. B. durch Verlegung in eine BG-Klinik). Psychotherapie wird von ärztlichen oder psychologischen Psychotherapeutinnen und -therapeuten erbracht. Für **Arznei-, Verband- und Hilfsmittel** gelten in der Regel die **Festbeträge** der Krankenkassen.

Bei bestimmten Gesundheitsschäden erhalten Betroffene eine **Entschädigung für Kleider- und Wäscheverschleiß** (z. B. wenn eine Prothese getragen werden muss). Die **häusliche Krankenpflege** wird erbracht als Alternative oder zur Vermeidung einer an sich gebotenen Krankenhausbehandlung.

Die Unfallversicherungsträger haben die Durchführung der Heilbehandlung selbst zu organisieren. Sie können hierfür besondere Heilverfahrensarten vorsehen (wie z. B. das Durchgangsarztverfahren, das Schwerstverletzungs- und das Verletzungsartenverfahren). Die Leistungen zur Heilbehandlung werden grundsätzlich als Dienst- oder Sachleistungen zur Verfügung gestellt.

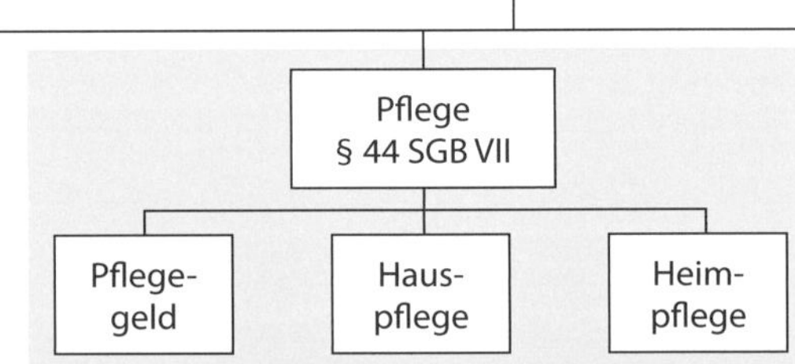

Die Pflege soll die Versorgung schwer Verletzter oder Erkrankter im täglichen Leben sichern. Pflegegeld ist die Regelleistung, Haus- bzw. Heimpflege wird nur auf Antrag statt des Pflegegeldes erbracht. Auch Kombinationsleistungen sind möglich. Das Pflegegeld aus der gesetzlichen Unfallversicherung geht dem aus der Pflegeversicherung vor (§§ 13 Abs. 1, 34 Abs.1 SGB XI). Es beträgt je nach Art und Schwere des Gesundheitsschadens sowie nach dem Umfang der erforderlichen Hilfe aktuell (Stand 01.07.2020) zwischen 387 € und 1542 € (neue Bundesländer: zwischen 369 € und 1483 €) und wird regelmäßig zum 01.07. eines Jahres aktualisiert. Übersteigen die Aufwendungen für eine Pflegekraft das Pflegegeld, kann es angemessen erhöht werden. Zu Einzelheiten s. „Anhaltspunkte zur Bemessung des Pflegegeldes bei Arbeitsunfällen und Berufskrankheiten" des DGUV e.V.

Alle Leistungen zur medizinischen Rehabilitation und zur Teilhabe einschließlich der Pflegeleistungen können auch als **Persönliches Budget** in Anspruch genommen werden (§§ 29 SGB IX)

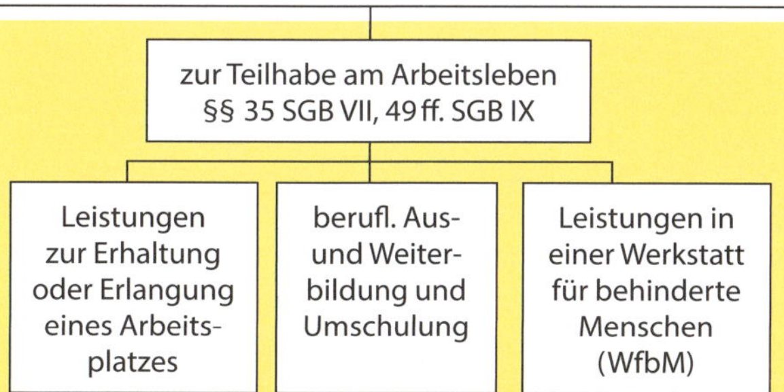

Die Leistungen umfassen auch Eingliederungszuschüsse an Arbeitgeber für die Dauer von maximal zwei Jahren (§ 50 SGB IX), eine längstens dreijährige Kostenübernahme für eine notwendige Arbeitsassistenz für schwer behinderte Menschen (§ 49 Abs. 8 SGB IX) und eine individuelle betriebliche Qualifizierung im Rahmen einer unterstützten Beschäftigung (§ 55 SGB IX). Berufliche Weiterbildung und Umschulung sollen bei ganztägigem Unterricht i. d. R. nicht länger als zwei Jahre dauern (§ 53 SGB IX). Bei darüber hinausgehenden Bildungswünschen (z. B. Studium) ist eine **Teilförderung** möglich (§ 35 Abs. 3 SGB VII). Leistungen im Arbeitsbereich einer WfbM werden bis zur Regelaltersrente erbracht (§ 58 Abs.1 SGB IX). Statt in einer WfbM können Leistungen auch bei anderen Anbietern oder als Budget für Arbeit in Anspruch genommen werden (§§ 60, 61 SGB IX).

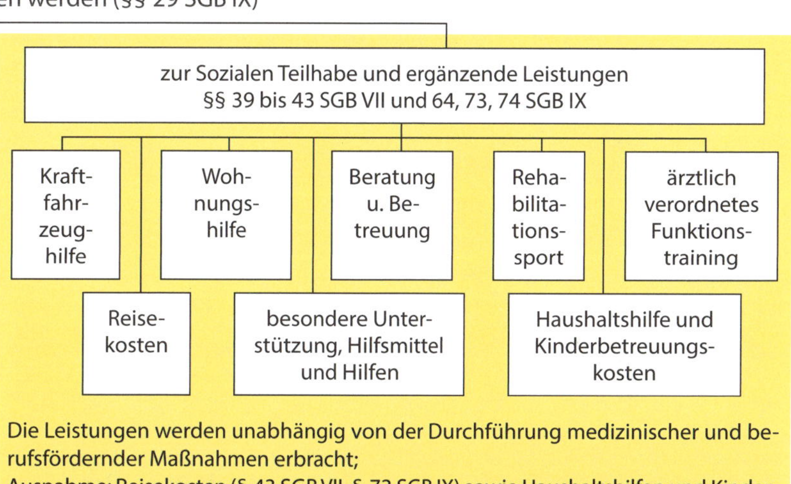

Die Leistungen werden unabhängig von der Durchführung medizinischer und berufsfördernder Maßnahmen erbracht;
Ausnahme: Reisekosten (§ 43 SGB VII, § 73 SGB IX) sowie Haushaltshilfen und Kinderbetreuungskosten (§ 41 SGB VII, 74 SGB IX), die ergänzende Leistungen zur Heilbehandlung oder zu Teilhabeleistungen sind.

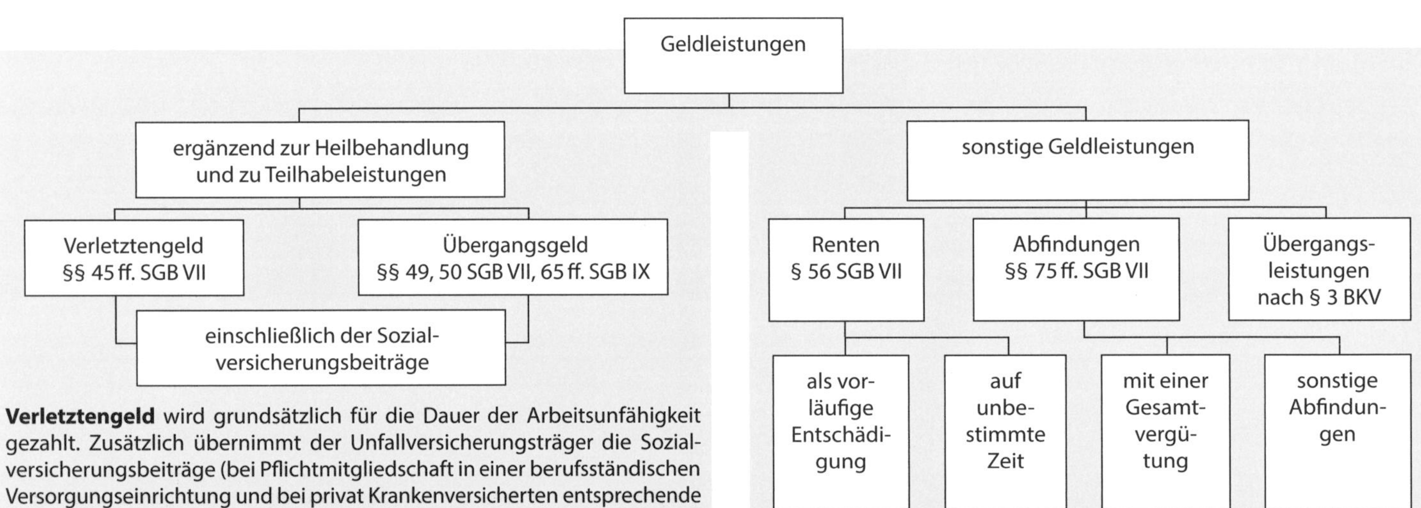

Verletztengeld wird grundsätzlich für die Dauer der Arbeitsunfähigkeit gezahlt. Zusätzlich übernimmt der Unfallversicherungsträger die Sozialversicherungsbeiträge (bei Pflichtmitgliedschaft in einer berufsständischen Versorgungseinrichtung und bei privat Krankenversicherten entsprechende Beiträge – § 47a SGB VII). Wer Verletztengeld erhält, muss im Regelfall aber den halben Beitragssatz zur Renten- und Arbeitslosenversicherung selbst tragen, aktuell (Stand 01.01.2021) i.d.R. 10,5%. Weiteres s. nächste Seite.

Übergangsgeld wird während der Leistungen zur Teilhabe am Arbeitsleben gezahlt. Es beträgt in der Regel wenigstens **68% des regelmäßigen Nettoentgelts** einschließlich anteiliger Einmalzahlungen, für Versicherte, die mindestens ein Kind haben, 75%. Der Eigenanteil zu den Sozialversicherungsbeiträgen entfällt beim Übergangsgeld. Für Schüler, Auszubildende, Studierende und Versicherte unter 30 gelten zusätzliche begünstigende Sonderegelungen zur Höhe des Verletzten- und Übergangsgeldes (§§ 47 Abs. 8, 50, 90 und 91 SGB VII).

Übergangsleistungen werden längstens für die Dauer von **fünf Jahren** gewährt, wenn die versicherte Person wegen der Gefahr, dass eine **Berufskrankheit** entsteht, wiederauflebt oder sich verschlimmert, ihre **gefährdende Tätigkeit aufgeben** musste. Renten werden daneben gewährt.

Im Besonderen: Verletztengeld (VG)

VG ist das „Krankengeld der Unfallversicherungsträger". Es wird meistens von der Krankenkasse im Auftrag des Unfallversicherungsträgers an Verletzte oder Erkrankte ausbezahlt, solange wegen des Versicherungsfalls Arbeitsunfähigkeit besteht. Bei Entgeltfortzahlung wird Verletztengeld erst gezahlt, wenn die Entgeltfortzahlung beendet ist.

VG erhalten für längstens 10 Arbeitstage (im Jahr 2021 wegen der SARS-CoV-2-Pandemie 20 Arbeitstage) auch berufstätige Eltern, die deshalb ihrer Berufstätigkeit nicht nachgehen können und einen Verdienstausfall haben, weil ihr Kind durch einen Versicherungsfall verletzt oder erkrankt ist **(Kinderpflege-VG).** Alleinerziehende erhalten dies für längstens 20 Arbeitstage (40 Arbeitstage im Jahr 2021).

Das VG wird – im Gegensatz zum Krankengeld der Krankenkassen – grundsätzlich ohne zeitliche Begrenzung für die gesamte Dauer der Arbeitsunfähigkeit gezahlt. Wenn aber im konkreten Fall nicht mehr damit zu rechnen ist, dass Arbeitsfähigkeit wieder eintritt, und wenn Leistungen zur Teilhabe am Arbeitsleben nicht zu erbringen sind, ist das VG auf 78 Wochen begrenzt.

Das Verletztengeld bei **Arbeitnehmerinnen** und **Arbeitnehmern** beträgt **80 %** des entgangenen regelmäßigen **Bruttoentgelts** einschließlich anteiliger Einmalzahlung**.** Es darf nach dem gesetzlichen Wortlaut aber **nicht höher** sein als das entgangene regelmäßige **Nettoarbeitsentgelt** ohne Einmalzahlung***.** Es wird kalendertäglich gezahlt, bei vollen Kalendermonaten aber immer für 30 Tage.

Versicherte **Unternehmerinnen** und **Unternehmer** erhalten VG in Höhe des **450. Teils** des Jahresarbeitsverdienstes (s. S. 47), i. d. R. ist das die Versicherungssumme.

* Hinweis: Bei dieser Höchstgrenze wirkt sich die Einmalzahlung nur sehr selten auf die Höhe des VG aus. Nach der Rechtsprechung zum Krankengeld erhöht sich diese Höchstgrenze daher in den Fällen, in denen der Arbeitgeber arbeitsrechtlich berechtigt ist, die Einmalzahlung wegen der Arbeitsunfähigkeit des oder der Beschäftigten erheblich zu kürzen (Urteil des Bundessozialgerichts v. 21.02.2006, B 1 KR 11/05 R).

Das Verletztengeld wird bei Arbeitnehmerinnen und Arbeitnehmern nach dem Regelentgelt berechnet. Das Regelentgelt ist der auf den Kalendertag entfallende Teil des Bruttoarbeitsentgelts aus dem letzten abgerechneten Entgeltabrechnungszeitraum von mindestens 4 Wochen vor Beginn der Arbeitsunfähigkeit zuzüglich der anteiligen Einmalzahlungen aus den letzten 12 Kalendermonaten.

Berechnungsbeispiel:

Arbeitsunfall: 15.09.2020. Letzter abgerechneter Entgeltabrechnungszeitraum = 01.08.– 31.08.2020. In dieser Zeit wurden für 176 geleistete Arbeitsstunden 2112,– € brutto bzw. 1408,– € netto gezahlt. Regelmäßige wöchentliche Arbeitszeit = 38,5 Stunden. Weihnachtsgeld als Einmalzahlung = 2160,– €.

Für die Berechnung des Regelentgelts gilt folgende Formel:

$$\text{Regelentgelt} = \frac{\text{Bruttoarbeitsentgelt} \times \text{regelmäßige wöchentliche Arbeitszeit}}{\text{geleistete Arbeitsstunden} \times \text{7 Tage}}$$

d. h. $\frac{2112 \times 38{,}5}{176 \times 7} = 66\text{ €} + \frac{2160}{360} = 72\text{ € gesamt}$

Verletztengeld: 80 % von 72 € = 57,60 € kalendertäglich. Das Verletztengeld darf nicht höher sein als das kalendertägliche Nettoarbeitsentgelt ohne Einmalzahlung, also

$$\frac{1408 \times 38{,}5}{176 \times 7} = 44\text{ €}$$

Das Verletztengeld beträgt somit 44 € täglich, ausbezahlt werden wegen der Beitrags-Eigenanteile 10,5 % (Stand Jan. 2021) weniger.

Im Besonderen: Rente an Versicherte/Abfindungen

Während das Verletztengeld Entgeltersatzfunktion und das Übergangsgeld unterhaltssichernde Funktion haben, soll die Rente die Nachteile ausgleichen, die Versicherte dadurch zu tragen haben, dass sich ihre Arbeitsmöglichkeiten auf dem gesamten Gebiete des Erwerbslebens durch die Folgen des Versicherungsfalls gemindert haben. Diese **Minderung der Erwerbsfähigkeit (MdE)** muss über die 26. Woche nach dem Versicherungsfall hinaus mindestens 20 % betragen, um einen Rentenanspruch zu begründen (§ 56 SGB VII). Bei mehreren Versicherungsfällen genügt es, wenn die MdE aus jedem einzelnen mindestens 10 % beträgt. Eine solche **Stütz-MdE** kann sich auch aus Unfällen nach den Beamtengesetzen, dem Bundesversorgungsgesetz oder ähnlichen Gesetzen ergeben. Auch z. B. in den EU-Mitgliedsstaaten eingetretene Arbeitsunfälle und Berufskrankheiten sind für eine Stütz-MdE zu berücksichtigen.

Die Rente wird während der ersten **drei Jahre** nach dem Versicherungsfall als **vorläufige Entschädigung** gezahlt, wenn der Umfang der MdE noch nicht abschließend festgestellt werden kann (§ 62 Abs. 1 SGB VII). Während dieser Zeit kann die MdE jederzeit ohne Rücksicht auf die Dauer einer Veränderung neu festgestellt werden. Die Veränderung muss aber mehr als 5 % betragen.

Die Rente beginnt, wenn kein Anspruch auf Verletztengeld (mehr) gegeben ist (§ 72 SGB VII). Bei Leistungen zur Teilhabe am Arbeitsleben wird sie **neben dem Übergangsgeld** gezahlt.

Spätestens **drei Jahre** nach dem Versicherungsfall wird die vorläufige Entschädigung – wenn der Unfallversicherungsträger bis dahin keine neue Feststellung getroffen hat – automatisch zur **Rente auf unbestimmte Zeit** (zu Auswirkungen der SARS-CoV-2-Pandemie auf diese Frist s. § 218g Abs. 1 SGB VII). Bei der erstmaligen Feststellung der Rente auf unbestimmte Zeit wird die MdE neu bewertet und der Prozentsatz kann abweichend festgesetzt werden, auch wenn keine Änderung vorliegt (§ 62 Abs. 2 SGB VII). Danach darf die Rente zu Ungunsten der Berechtigten nur noch in Abständen von mindestens einem Jahr geändert werden (§ 74 SGB VII). Voraussetzung dafür ist der Nachweis einer Besserung der MdE um mehr als 5 %.

Wenn zu erwarten ist, dass nur eine Rente in Form der vorläufigen Entschädigung zu zahlen ist, kann der Unfallversicherungsträger den Rentenanspruch nach Abschluss der Heilbehandlung mit einer **Gesamtvergütung** in Höhe des voraussichtlichen Rentenaufwands abfinden (§ 75 SGB VII). Nach Ablauf des Zeitraums, für den die Gesamtvergütung bestimmt war, wird **auf Antrag** Rente gezahlt, wenn die Voraussetzungen hierfür gegeben sind (MdE mindestens 20 % oder 10 % und Stütz-MdE z. B. aus anderem Versicherungsfall).

Renten auf unbestimmte Zeit nach einer **MdE von unter 40 %** können auf **Antrag auf Lebenszeit abgefunden** werden (§ 76 SGB VII). Tritt später eine wesentliche Verschlimmerung in den Unfallfolgen ein, d. h. die MdE ändert sich um mehr als 5 % und für länger als drei Monate, so wird für den Verschlimmerungsteil Rente gezahlt.

Renten nach einer **MdE von mindestens 40 v. H.** können **auf Antrag** bis zur Hälfte für 10 Jahre **abgefunden** werden (§ 78 SGB VII).

Die Rente berechnet sich nach dem **Jahresarbeitsverdienst (JAV)** (§ 82 SGB VII) und dem **Grad der MdE.**

- Der Jahresarbeitsverdienst (JAV) ist der Gesamtbetrag aller Arbeitsentgelte und Arbeitseinkommen der versicherten Person in den zwölf Kalendermonaten vor dem Monat, in dem der Versicherungsfall eingetreten ist. Hierzu gehört auch das Arbeitsentgelt, auf das ein Tarifvertrag rückwirkend einen Anspruch einräumt. Ausfallzeiten durch Krankheit, Arbeitslosigkeit, Kurzarbeit o. ä. werden mit ihrem Durchschnittsverdienst im JAV-Jahr aufgefüllt.
- Der gesetzliche **Mindest-JAV** beträgt für volljährige Versicherte 60 % der Bezugsgröße (§ 85 Abs.1 SGB VII). Die Bezugsgröße ist das Durchschnittsentgelt der gesetzlichen Rentenversicherung (§ 18 SGB IV), für 2021 beträgt sie 39.480 € (Ost: 37.380 €). **Seit 01.01.2021** gilt für Versicherte, die im Zeitpunkt des Versicherungsfalls **unter 30 Jahre** alt waren, ab dem 26. Lebensjahr ein Mindest-JAV von 75 % der Bezugsgröße, der mit Vollendung des 30. Lebensjahres auf 100 %, bei Versicherten mit Fachhochschul- oder Hochschulreife auf 120 % der Bezugsgröße erhöht wird (§§ 85 Abs. 1a, 90 SGB VII). Ähnliches gilt unabhängig vom Alter bei Versicherungsfällen während einer Schul- oder Berufsausbildung (§ 91 SGB VII).

Die Versichertenrente beträgt (§ 56 Abs. 3 SGB VII):

- bei Verlust der Erwerbsfähigkeit (MdE: 100 %) 2/3 des JAV (= **Vollrente**).
- bei Teilverlust der Erwerbsfähigkeit den entsprechenden Teil der Vollrente (= **Teilrente**).

Berechnungsbeispiele:

- Vollrente

MdE	= 100 %	
JAV	= 54 000,– €	
Vollrente	= 2/3 des JAV	
	= 36 000,– €	jährlich
	= 3 000,– €	monatlich

- Teilrente

MdE	= 20 %	
JAV	= 54 000,– €	
Vollrente = (2/3 des JAV)	= 36 000,– €	
Teilrente (20 % der Vollrente)	= 7 200,– €	
	= 600,– €	monatlich

Alle vom JAV abhängigen Geldleistungen werden regelmäßig um jenen Prozentsatz angepasst, um den auch die Renten aus der Rentenversicherung verändert werden (§ 95 SGB VII).

Leistungen an Hinterbliebene

Bei Tod infolge des Versicherungsfalls

Sterbegeld / Überführungskosten
§ 64 SGB VII

Diese werden an die Person gezahlt, die die Kosten der Bestattung bzw. Überführung trägt. Handelt es sich dabei um enge Angehörige des oder der Verstorbenen (z. B. Ehe- oder eingetragener Lebenspartner bzw. -partnerin, Kinder, Eltern), beträgt das Sterbegeld 1/7 der im Zeitpunkt des Todes geltenden Bezugsgröße (zur Bezugsgröße siehe S. 47). Anderenfalls wird das Sterbegeld auf die tatsächlichen Bestattungskosten, höchstens aber 1/7 der Bezugsgröße begrenzt.

Überführungskosten werden übernommen, wenn der Ort der ständigen Familienwohnung und der Sterbeort, an dem der oder die Versicherte sich aus beruflichen Gründen oder wegen der Folgen des Versicherungsfalls aufgehalten hat, nicht identisch sind.

Bis zum Ende des dritten Monats nach dem Sterbemonat erhält der Ehe- oder eingetragene Lebenspartner bzw. die -partnerin des bzw. der Verstorbenen eine Rente in Höhe der Vollrente (siehe S. 47).

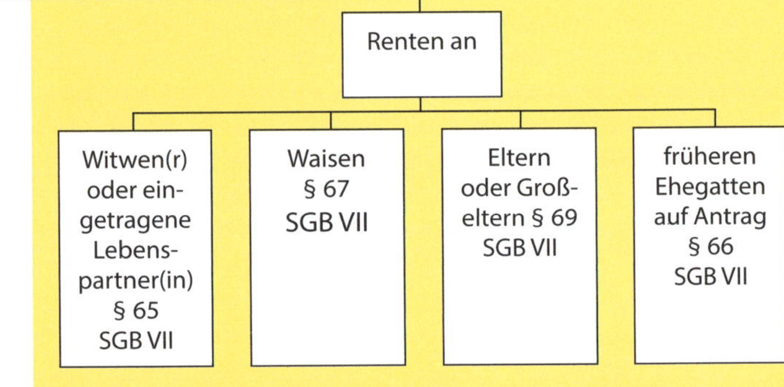

Eine Witwen- bzw. Witwerrente wird bei der ersten Wiederheirat mit dem 24fachen Monatsbetrag abgefunden (§ 80 SGB VII).

Auf Antrag erhält auch der überlebende Ehegatte, der wieder geheiratet hat, Rente, wenn diese Ehe nicht mehr besteht und er im Zeitpunkt der Wiederheirat Anspruch auf Rente hatte.

Seit 01.01.2005 haben auch eingetragene Lebenspartner bzw. -partnerinnen für ab diesem Zeitpunkt eingetretene Versicherungsfälle Anspruch auf Hinterbliebenenleistungen, und zwar im gleichen Umfang wie Witwen oder Witwer.

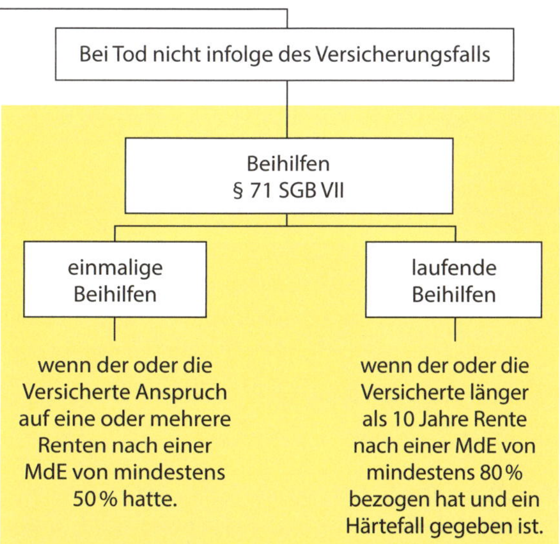

Beihilfen werden nur an Witwen oder Witwer, eingetragene Lebenspartnerinnen oder -partner oder an Vollwaisen gezahlt, an Vollwaisen unter der zusätzlichen Voraussetzung, dass sie mit dem bzw. der Verstorbenen zum Zeitpunkt des Todes in häuslicher Gemeinschaft gelebt haben und von ihm bzw. von ihr überwiegend unterhalten worden sind.

- Ein Rentenanspruch ist nur gegeben, wenn der Versicherungsfall den Tod **rechtlich wesentlich verursacht** hat (§ 63 Abs. 1 SGB VII).
- Stirbt eine versicherte Person an den Folgen einer Berufskrankheit nach den Nummern **4101 bis 4104** (siehe S. 40), so enthält das Gesetz eine **Rechtsvermutung** zugunsten der Hinterbliebenen: Wenn die MdE wegen dieser Berufskrankheit mindestens 50 % betragen hat, wird vermutet, dass der Tod infolge der Berufskrankheit eingetreten ist. Die Vermutung gilt nicht, wenn offenkundig ist, dass der Tod eine andere Ursache hatte. Die Zustimmung zu einer Obduktion, um diese Offenkundigkeit festzustellen, darf von den Hinterbliebenen nicht gefordert werden (§ 63 Abs. 2 SGB VII).
- **Waisenrente** können neben den leiblichen Kindern des bzw. der Verstorbenen u. U. auch Stiefkinder, Pflegekinder, Enkel und Geschwister erhalten. Sie wird unter bestimmten Voraussetzungen, z. B. bei andauernder Berufsausbildung, – abweichend von der Kindergeldregelung – bis zum 27. Lebensjahr der Waise gezahlt (bei Auswirkungen der SARS-CoV-2-Pandemie auf den Ausbildungsbeginn s. § 218 g Abs. 2 SGB VII).
- **Ansprüche der Eltern** als Verwandte der aufsteigenden Linie sind nur gegeben, wenn sie aus dem Arbeitsverdienst ihres verstorbenen Kindes wesentlich unterhalten wurden oder ohne den Versicherungsfall unterhalten worden wären und solange sie Unterhaltsansprüche gegen ihr Kind hätten geltend machen können.
- **Ansprüche früherer Ehegatten** sind nur gegeben, wenn die oder der Verstorbene ihnen zum Todeszeitpunkt Unterhalt zu leisten hatte oder im letzten Jahr davor geleistet hat. Sind mehrere Berechtigte vorhanden, z. B. ein früherer Ehegatte und eine Witwe, werde die Renten anteilig im Verhältnis zur Dauer der Ehe mit dem Verstorbenen gezahlt.

Im Besonderen: Rente an Hinterbliebene

Maßgebend für die Höhe und die Dauer der Rente sind bei **Witwen-/Witwerrente** (§ 65 Abs. 2 SGB VII)

- Jahresarbeitsverdienst (JAV) des oder der Verstorbenen
- Alter der Witwe bzw. des Witwers
- Erziehung eines waisenrentenberechtigten Kindes oder Sorge für eine behinderte Waise
- Berufs- oder Erwerbsunfähigkeit der Witwe bzw. des Witwers
- Erwerbs-, Erwerbsersatz- und Vermögenseinkommen der Witwe bzw. des Witwers, die teilweise auf die Rente anzurechnen sind.

Grundsätzlich beträgt die Witwen-/Witwerrente 30 % des JAV und wird für längstens 2 Jahre nach dem Tod gezahlt (= **kleine Witwen-/Witwerrente**). Sie wird zeitlich unbegrenzt und ohne Anrechnung von Vermögenseinkommen geleistet, wenn

- der Tod vor dem 01.01.2002 eingetreten ist oder
- einer der Ehepartner vor diesem Tag 40 Jahre oder älter war und die Ehe vor diesem Tag geschlossen wurde (§ 218a SGB VII).

Zeitlich unbegrenzt ist auch die **große Witwen-/Witwerrente** i. H. v. 40 % des JAV. Sie wird gezahlt, wenn der oder die Berechtigte das 45.* Lebensjahr vollendet hat, erwerbsgemindert, berufs- oder erwerbsunfähig ist oder solange die Witwe bzw. der Witwer mindestens ein waisenrentenberechtigtes Kind erzieht oder für eine behinderte Waise sorgt. Seit 01.01.2005 gelten die vorstehenden Ausführungen auch für eingetragene Lebenspartnerinnen und -partner.

Waisenrente (§ 68 SGB VII)

- JAV des oder der Verstorbenen
- **Halbwaisen** steht eine Rente in Höhe von 20 % des JAV zu.
- **Vollwaisen** eine solche von 30 % des JAV.
- Bis 30.06.2015 verminderte sich bei volljährigen Waisen die Rente um das anrechenbare Einkommen. Zum 01.07.2015 ist die Anrechnung von Einkommen auf Waisenrenten ersatzlos weggefallen.

Rente an Verwandte aufsteigender Linie (§ 69 SGB VII)

- JAV des oder der Verstorbenen
- Nähere Verwandte der aufsteigenden Linie gehen den entfernteren vor (bei Elternrente keine Rente an Großeltern).

Alle vom JAV abhängigen Geldleistungen werden regelmäßig um den Prozentsatz angepasst, um den auch die Renten der Rentenversicherung verändert werden (§ 95 SGB VII).

* bei Tod ab 2012 erhöht sich die Altersgrenze bis zum Jahr 2028 um jährlich einen Monat. Ab 2029 beträgt die Altersgrenze 47 (§ 218a Abs. 2 SGB VII).

Wie kommt es zur Leistungsgewährung?

Amtsermittlung/Datenschutz

Leistungen in der gesetzlichen Unfallversicherung **werden** – mit Ausnahme der Leistungen, die ausdrücklich einen Antrag voraussetzen (vgl. S. 42, 46) – von **Amts wegen erbracht** (§ 19 Satz 2 SGB IV). Das bedeutet, der Unfallversicherungsträger ist verpflichtet, sobald er z. B. durch Eingang der Unfall- oder BK-Anzeige oder eines Arztberichts Kenntnis von einem möglichen Arbeitsunfall oder einer möglichen Berufskrankheit erhält, von sich aus die Voraussetzungen des Versicherungsfalls und den Umfang der zu erbringenden Leistungen zu prüfen. Es gilt der **Untersuchungsgrundsatz**, d. h. alle bedeutsamen Umstände sind zu ermitteln, egal ob sie für die Betroffenen günstig oder ungünstig sind (§ 20 SGB X). Dabei muss der Unfallversicherungsträger die strengen Vorschriften zum **Datenschutz** beachten. Er darf nur Daten erheben, verarbeiten und nutzen, die er für die Durchführung seiner Aufgaben braucht (§ 67 a Abs.1 SGB X). Ebenso darf er erhobene Daten nur dann an andere Stellen übermitteln, wenn dies zur Aufgabenerfüllung erforderlich ist (§ 69 Abs. 1 SGB X). Versicherte haben das Recht, einer Übermittlung ihrer Daten an Dritte zu widersprechen. Auf dieses **Widerspruchsrecht** sind sie zu Beginn des Verwaltungsverfahrens in allgemeiner Form hinzuweisen (§ 76 Abs. 2 SGB X). Vor Erteilung eines Gutachtenauftrags hat der Unfallversicherungsträger die Versicherten erneut auf das Widerspruchsrecht hinzuweisen, **mehrere Gutachter zur Auswahl** zu benennen und über den Zweck des Gutachtens zu informieren (§ 200 Abs. 2 SGB VII).

Steht zur Überzeugung des Unfallversicherungsträgers fest, dass es sich um einen entschädigungspflichtigen Versicherungsfall (Arbeitsunfall, Wegeunfall, Berufskrankheit) handelt, so beschließen über bestimmte Leistungsansprüche die beim Träger gebildeten **Rentenausschüsse.** Die Rentenausschüsse sind paritätisch besetzt, ihnen gehören je eine Vertreterin oder ein Vertreter der Versicherten und der Arbeitgeberinnen und Arbeitgeber an. Nach dem gesetzlichen Rahmen (§ 36 a Abs. 1 Nr. 2 SGB IV) und nach der konkreten Ausgestaltung in der Satzung des jeweiligen Unfallversicherungsträgers obliegen den Rentenausschüssen Entscheidungen über

- Renten (nur erstmalige Entscheidungen)
- Rentenerhöhungen, -herabsetzungen und -entziehungen wegen Änderung der gesundheitlichen Verhältnisse
- Abfindungen mit Gesamtvergütung
- Renten als vorläufige Entschädigungen
- laufende Beihilfen
- Leistungen bei Pflegebedürftigkeit.

Den Versicherten wird ein schriftlicher Bescheid über die Entscheidung erteilt (§ 102 SGB VII).

Wie erlangt der Unfallversicherungsträger Kenntnis von seiner Feststellungspflicht?

Anzeigepflicht der Unternehmerinnen und Unternehmer

Anzeigepflichtig sind Unfälle, die tödlich verlaufen sind oder zu einer Arbeitsunfähigkeit von mehr als 3 Tagen geführt haben (§ 193 Abs. 1 SGB VII). Für die Festlegung der 3-Tages-Frist bleibt der Unfalltag unberücksichtigt, mitzuzählen sind aber Samstage sowie Sonn- und Feiertage. Die Meldung hat binnen drei Tagen nach Kenntnisnahme zu erfolgen. Versicherte können von der Unternehmerin bzw. vom Unternehmer verlangen, dass ihnen eine Kopie der Meldung überlassen wird (§ 193 Abs. 4 SGB VII). Für die Anzeige von Berufskrankheiten gilt Entsprechendes, § 193 Abs. 2 SGB VII.

Beteiligung der betrieblichen Interessenvertretungen u. a.

Die Unfall- und Berufskrankheitsanzeigen sind vom Betriebs- oder Personalrat mit zu unterzeichnen (§ 193 Abs. 5 S. 1 SGB VII).

Die Sicherheitsfachkraft und die Betriebsärztin bzw. der Betriebsarzt müssen über jede Anzeige unterrichtet werden (§ 193 Abs. 5 S. 2 SGB VII).

Ärztliche Anzeigepflicht

Alle Ärztinnen und Ärzte sowie Zahnärztinnen und Zahnärzte sind verpflichtet, im Falle des begründeten Verdachts, dass bei einem bzw. einer Versicherten eine Berufskrankheit besteht, dies dem Unfallversicherungsträger anzuzeigen (§ 202 S. 1 SGB VII). Diese Anzeigepflicht besteht selbst dann, wenn die versicherte Person mit der Anzeige nicht einverstanden ist (BSG-Urteil vom 23. 06. 2020, B 2 U 5/19 R).

Die Durchgangsärzte, die als Fachärzte für Orthopädie und Unfallchirurgie von den Landesverbänden des Deutschen Gesetzlichen Unfallversicherung e.V. (DGUV), dem Spitzenverband der Unfallversicherungsträger, für die Behandlung Arbeitsunfallverletzter zugelassen werden, müssen unverzüglich nach der Erstversorgung der verletzten Person den sog. Durchgangsarztbericht erstatten. In der Regel erhält der Unfallversicherungsträger diesen als erste Information nach einem Unfall.

Meldepflicht der Versicherten

Eine besondere Meldepflicht der Versicherten sieht das Gesetz nicht vor. Aber sie sollten im eigenen Interesse jeden Unfall, auch wenn dieser zunächst harmlos erscheint, der Betriebsleitung anzeigen. Auf diese Weise lassen sich spätere Beweisschwierigkeiten am besten vermeiden.

Auch können Versicherte direkt Ansprüche wegen eines Unfalls oder einer Berufskrankheit beim Unfallversicherungsträger anmelden.

Wer ist zur Mitwirkung verpflichtet?

Unternehmerische Unterstützungspflicht

Gemäß § 191 SGB VII haben die Unternehmerinnen und Unternehmer gegenüber dem Unfallversicherungsträger eine allgemeine Unterstützungspflicht, also z.B. auch bei der Ermittlung des Unfallherganges und der Frage, ob Alkohol mitgewirkt hat. Daneben müssen sie Auskunft z.B. über die Art und Dauer der Beschäftigung der Verletzten und deren Arbeitsentgelt geben (§ 98 SGB X).

Ärztliche Auskunftspflicht

Ärztinnen und Ärzte sowie Zahnärztinnen und Zahnärzte sind verpflichtet, dem Unfallversicherungsträger Auskunft über die Behandlung und den Zustand, bei früheren Behandlungen über Vorerkrankungen der verletzten oder erkrankten Person zu erteilen, soweit dies für die Erbringung von Leistungen erforderlich ist (§ 201 Abs. 1, § 203 Abs. 1 SGB VII). Auskunftpflichtig sind auch psychologische Psychotherapeutinnen und -therapeuten bei Behandlung wegen Folgen eines Versicherungsfalls.

Mitwirkung der Leistungsberechtigten

In den §§ 60 bis 65 SGB I sind die Mitwirkungspflichten enthalten, die diejenigen erfüllen müssen, die Leistungen des Unfallversicherungsträgers beantragen oder erhalten. Die Mitwirkungspflichten beziehen sich auf die Sachverhaltsermittlung und auf die Mitwirkung bei der Leistungserbringung. Hierzu gehören z.B.:

- die Angabe von Tatsachen, die für die Leistung erheblich sind,
- das persönliche Erscheinen beim Unfallversicherungsträger auf dessen Verlangen,
- die Pflicht, sich ärztlichen und psychologischen Untersuchungsmaßnahmen sowie einer Heilbehandlung zu unterziehen,
- die Teilnahme an Leistungen zur Teilhabe am Arbeitsleben.

Die notwendigen Auslagen und der Verdienstausfall werden ihnen erstattet.

Eine Mitwirkungspflicht ist nicht gegeben, wenn der persönliche Bereich der Versicherten und ihre körperliche Unversehrtheit unzumutbar beeinträchtigt würden.

Kommen Versicherte ihren Mitwirkungspflichten nicht nach, so können Leistungen bis zur Nachholung der Mitwirkung ganz oder teilweise versagt oder entzogen werden. Auf diese Folge müssen die Versicherten aber zuvor schriftlich unter Setzung einer Frist zur Nachholung der Mitwirkung hingewiesen worden sein, § 66 SGB I.

Die Versagung oder Entziehung kann rückgängig gemacht werden, wenn die Mitwirkung nachgeholt wurde und die Leistungsvoraussetzungen vorliegen.

Seit 01.01.2021 sind Versicherte, bei denen eine Berufskrankheit anerkannt wurde und für die die Gefahr besteht, dass sich die Krankheit bei Fortsetzung ihrer Arbeit verschlimmert, ausdrücklich verpflichtet, an individualpräventiven Maßnahmen der Unfallversicherungsträger zur Verhütung dieser Gefahr teilzunehmen (§ 9 Abs. 4 SGB VII).

Welcher Rechtsweg ist gegeben?

Lehnt der Unfallversicherungsträger z. B. die Anerkennung eines Unfalls als Arbeitsunfall oder die Zahlung einer Rente ab, so kann der bzw. die Verletzte oder Erkrankte den Sozialrechtsweg beschreiten. Bevor Betroffene jedoch Klage gegen den ablehnenden Bescheid erheben können, müssen sie zunächst zur Durchführung eines Vorverfahrens (= **Widerspruchsverfahren**) Widerspruch gegen den Bescheid einlegen.

Das Widerspruchsverfahren

Der Widerspruch ist

- **schriftlich** oder zur Niederschrift (d. h. mündlich zu Protokoll zu geben)
- **innerhalb eines Monats** nach Bekanntgabe des Bescheids
- beim Unfallversicherungsträger

einzureichen. Statt eines Briefs kann für den Widerspruch auch ein mit einer qualifizierten elektronischen Signatur versehenes elektronisches Dokument oder z. B. eine De-Mail (§ 36 a SGB I), nicht aber eine einfache E-Mail genutzt werden.

Über den Widerspruch entscheidet der **Widerspruchsausschuss**, der sich wie der Rentenausschuss (s. S. 51) paritätisch aus Vertreterinnen und Vertretern der Versicherten und der Arbeitgeberinnen und Arbeitgeber zusammensetzt.

Ist der Widerspruch erfolgreich, so werden auch die zur zweckentsprechenden Rechtsverfolgung notwendigen Kosten erstattet. Ein Rechtsanwalt wird in der Regel als notwendig angesehen.

Hat der Widerspruch keinen Erfolg, können Betroffene Klage gegen den Widerspruchsbescheid einlegen.

Das Klageverfahren

Die Klage ist

- **schriftlich** oder zur Niederschrift
- **binnen eines Monats** nach Bekanntgabe des Widerspruchsbescheids
- beim zuständigen Sozialgericht

einzulegen. Die Klage kann auch mittels eines geeigneten elektronischen Dokuments, das z. B. eine qualifizierte elektronische Signatur enthält, auf einem sicheren Übermittlungsweg eingelegt werden (§ 65 a SGG).

Das Gericht muss den Sachverhalt von Amts wegen erforschen. Das Verfahren ist für die Betroffenen gerichtskostenfrei. Die außergerichtlichen Kosten (wie Rechtsanwaltsgebühren) werden nur erstattet, wenn das Gericht dies im Urteil entscheidet oder der Unfallversicherungsträger dies z. B. im Rahmen eines gerichtlichen Vergleichs anerkennt.

Wirkung der Entscheidungen

Unanfechtbare Bescheide des Unfallversicherungsträgers bzw. Entscheidungen des Sozialgerichtes sind für die Zivilgerichte bei Schadensersatzklagen in bestimmtem Umfang verbindlich (§ 108 SGB VII). Voraussetzung dafür ist, dass der Schädiger bzw. die Schädigerin am Verwaltungsverfahren beteiligt war und der Bescheid auch ihnen gegenüber erlassen wurde. Dadurch wird ausgeschlossen, dass ein Zivilgericht z. B. eine Klage auf Schadensersatz gegen einen Schädiger deshalb zurückweist, weil es einen Arbeitsunfall – und damit einen Haftungsausschluss – als gegeben ansieht, obwohl eine gegenteilige bindende Entscheidung des Unfallversicherungsträgers vorliegt.

Welche Möglichkeiten haben Versicherte nach Ablauf der Widerspruchs- bzw. Klagefrist?

Wird innerhalb der Monatsfrist kein Widerspruch eingelegt, so wird der Bescheid des Unfallversicherungsträgers bindend und damit unanfechtbar. Das heißt aber nicht, dass Versicherte überhaupt keine Möglichkeit mehr haben, eine Änderung des Bescheids herbeizuführen: So können sie z.B. einen Antrag auf Erhöhung der Rente wegen Zunahme der Beschwerden stellen (sog. **Verschlimmerungsantrag**). Dem Antrag wird der Unfallversicherungsträger entsprechen, wenn er zu dem Ergebnis kommt, dass eine wesentliche Änderung bzw. Verschlechterung in den Unfall- oder Erkrankungsfolgen eingetreten ist (§ 48 SGB X). Verletzte oder Erkrankte können aber auch die Rücknahme des Bescheides beim Unfallversicherungsträger beantragen, wenn sie meinen, er habe zu ihren Ungunsten falsch entschieden. Ergibt eine Überprüfung des Bescheides, dass dieser unrichtig ist und die oder den Betroffenen belastet, so wird er gemäß § 44 SGB X mit Wirkung für die Vergangenheit zurückgenommen und Leistungen werden ggf. für längstens vier Jahre nachgezahlt.

Welche Rechtsfolgen können sich bei schuldhaft verursachten Arbeits- und Wegeunfällen ergeben?

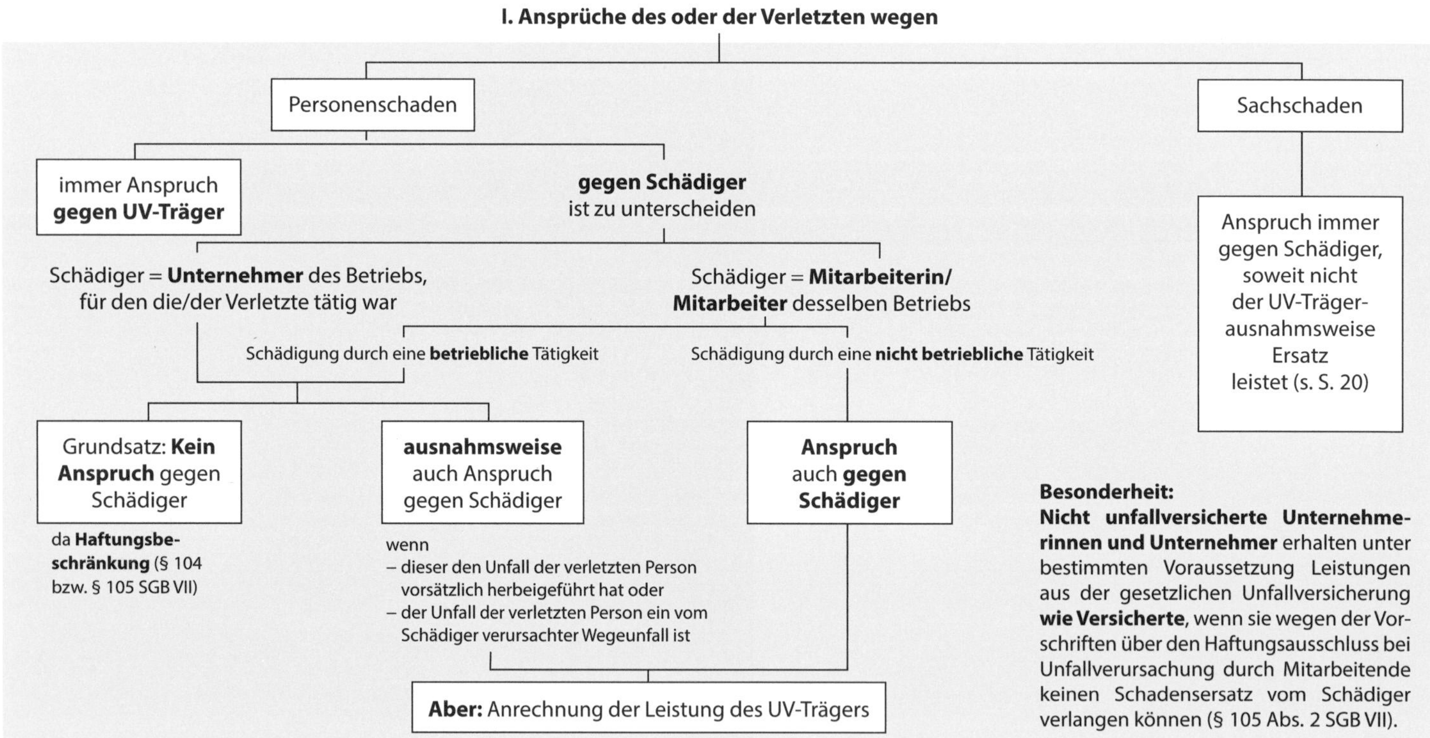

- Wer bei einer Tätigkeit für ein Unternehmen durch einen **Arbeitsunfall** einen Gesundheitsschaden erleidet, hat wegen dieses Schadens einen Entschädigungsanspruch gegen den Unfallversicherungsträger. Ein zusätzlicher zivilrechtlicher Anspruch gegen den Unternehmer bzw. die Unternehmerin, der bzw. die den Schaden durch eine unternehmerische Tätigkeit verursacht hat, auf Ersatz des Personenschadens einschl. Schmerzensgeld ist gesetzlich ausgeschlossen (§ 104 SGB VII – Ausnahme s. rechte Spalte). Die Entschädigung durch den Unfallversicherungsträger entspricht im Ergebnis der **Ablösung der Unternehmerhaftpflicht**. Dafür zahlen allein Unternehmerinnen und Unternehmer die Beiträge zur gesetzlichen Unfallversicherung. Außerdem entfallen im Interesse des **Betriebsfriedens** Haftungsstreitigkeiten zwischen Arbeitgebenden und Beschäftigten.
- Gleiches gilt, wenn der Unfall **durch** eine **betriebliche Tätigkeit** einer **Mitarbeiterin bzw. eines Mitarbeiters desselben Betriebs** verursacht wurde. Der Begriff „Mitarbeiter(in)" ist dabei weit auszulegen, auch eine nicht zum Betrieb gehörende Person, die eine betriebsdienliche Tätigkeit ausübt, kann gemeint sein (§ 106 Abs. 3 SGB VII). Wer auf diese Weise verletzt wird, hat also keinen zivilrechtlichen Anspruch gegen die Arbeitskollegin oder den Arbeitskollegen auf Ersatz des Personenschadens oder auf Schmerzensgeld (§ 105 Abs. 1 SGB VII – Ausnahme s. rechte Spalte). Grund: Wahrung des Betriebsfriedens
- Ausnahmsweise gilt die Haftungsbeschränkung auch für den Fall, dass Versicherte **verschiedener Unternehmen** vorübergehend betriebliche Tätigkeiten auf einer **gemeinsamen Betriebsstätte** verrichten (§ 106 Abs. 3 SGB VII).
- Ein Anspruch auf Ersatz des Personenschadens steht auch **Unternehmerinnen und Unternehmern**, die in Ausübung ihrer unternehmerischen Tätigkeiten durch die betriebliche Tätigkeit einer Mitarbeiterin oder eines Mitarbeiters geschädigt wurden, nicht zu, und zwar selbst dann nicht, wenn sie **nicht unfallversichert** waren und deshalb eigentlich gar keinen – den Haftungsausschluss begründenden – Arbeitsunfall erleiden konnten (§ 105 Abs. 2 SGB VII). Sie verlieren dadurch zwar ihre Ansprüche gegen den Schädiger, erhalten aber zum Ausgleich kraft Gesetzes (teilweise in der Höhe beschränkte) Ansprüche gegen die gesetzliche Unfallversicherung, als wären sie dort versichert. Diese Ansprüche gegen den Unfallversicherungsträger setzen daher voraus, dass betroffene Unternehmerinnen und Unternehmer ohne den Haftungsausschluss zivilrechtlich Ansprüche gegen den Schädiger hätten.
- Eine versicherte Person kann nach Eintritt eines Versicherungsfalls **neben** dem Anspruch gegen den Unfallversicherungsträger **auch** einen Schadensersatzanspruch gegen die Unternehmerin bzw. den Unternehmer oder Arbeitskollegin bzw. Arbeitskollegen erwerben, wenn eine dieser Personen den Versicherungsfall **vorsätzlich** herbeigeführt hat **oder** wenn es sich bei diesem Versicherungsfall um einen **Wegeunfall** handelt. Dieser Schadensersatzanspruch geht zwar nicht auf den Unfallversicherungsträger über, aber reduziert sich um dessen Leistungen (§§ 104 Abs.1 Satz 2, 105 Abs.1 Satz 3 SGB VII).
- Wer als Unternehmerin oder Unternehmer bzw. als Mitarbeiterin oder Mitarbeiter durch eine **nicht unternehmerische** bzw. **nicht betriebliche** Tätigkeit einen Arbeitsunfall von Versicherten desselben Betriebs verursacht, kann von der verletzten Person auf Schadensersatz in Anspruch genommen werden. Dieser Schadensersatzanspruch geht aber auf den Unfallversicherungsträger bis zur Höhe seiner Leistungen über (§ 116 SGB X).
- **Sachschäden** werden von der Berufsgenossenschaft i. d. R. nicht entschädigt. Versicherte können insoweit gegen den Schädiger selbst einen Anspruch geltend machen.

II. Der Schädiger haftet aufgrund des von ihm

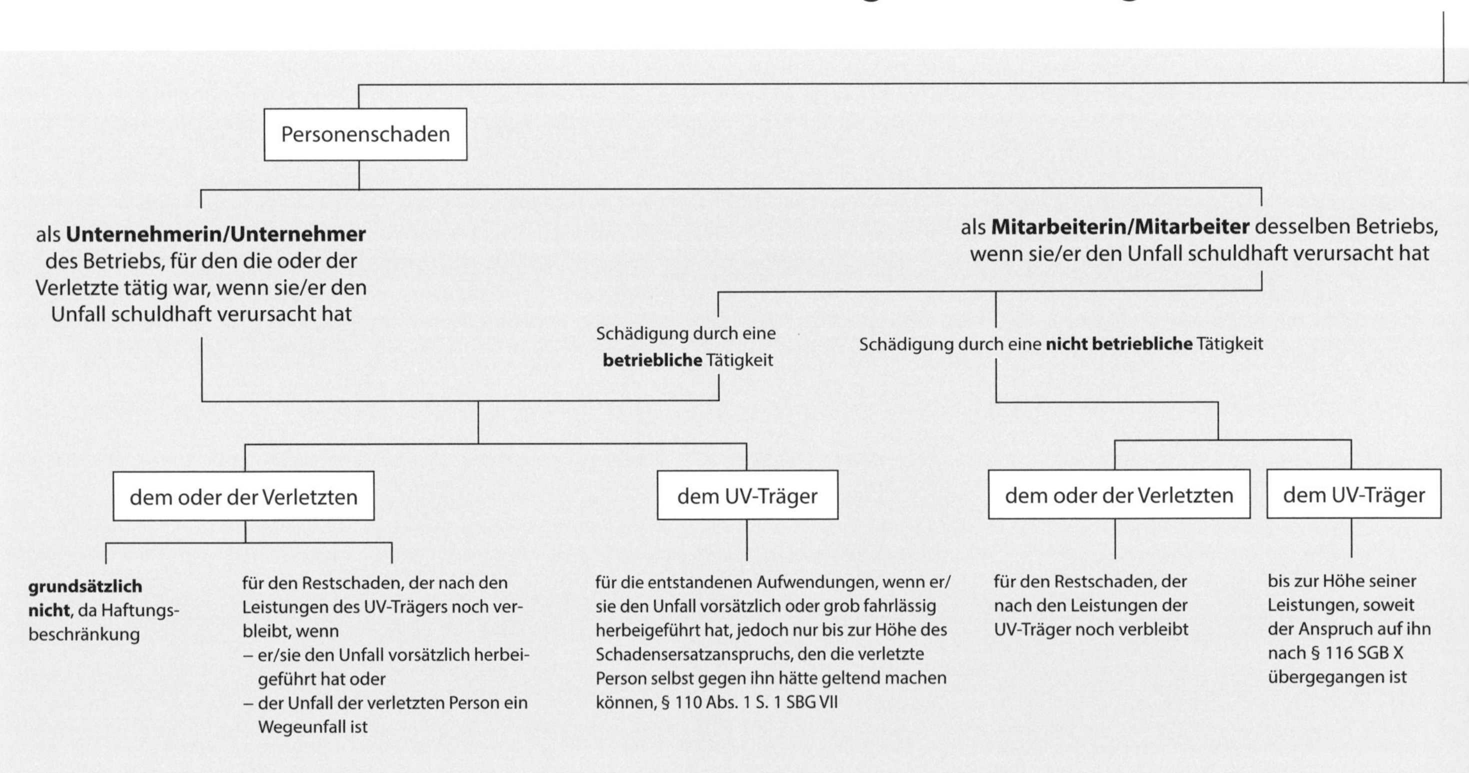

verursachten Arbeitsunfalls/Wegeunfalls wegen

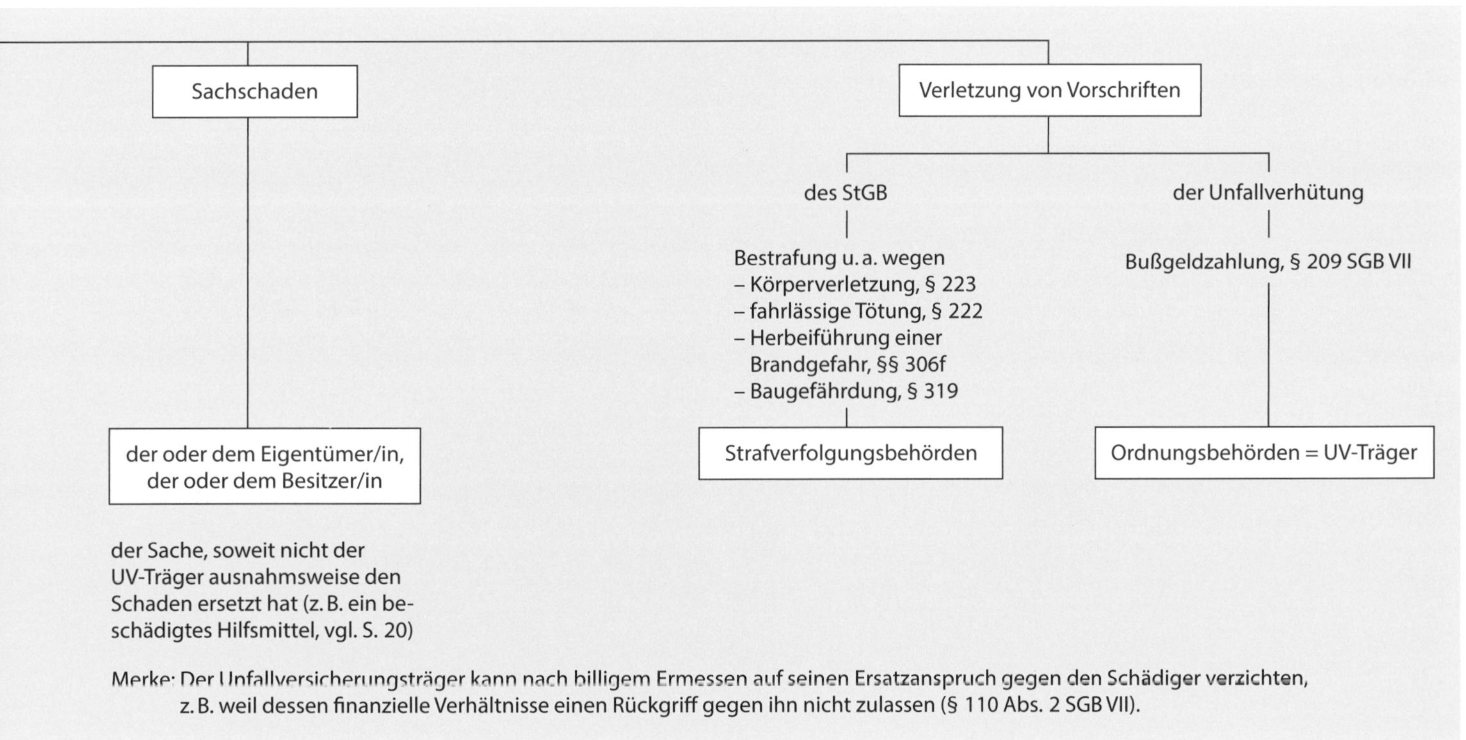

Merke: Der Unfallversicherungsträger kann nach billigem Ermessen auf seinen Ersatzanspruch gegen den Schädiger verzichten, z. B. weil dessen finanzielle Verhältnisse einen Rückgriff gegen ihn nicht zulassen (§ 110 Abs. 2 SGB VII).

Welches Haftungsrisiko besteht für Arbeitgeberinnen und Arbeitgeber bei Schwarzarbeit?

Arbeitgeberinnen und Arbeitegber müssen ihre Mitarbeitenden spätestens 6 Wochen nach Aufnahme der Beschäftigung zur Kranken-, Pflege-, Renten- und Arbeitslosenversicherung namentlich anmelden (§§ 28 a SGB IV, 6 DEÜV). Dies gilt auch bei geringfügiger Beschäftigung (§ 13 DEÜV). In bestimmten Branchen (z.B. Bau-, Transport-, Gaststättengewerbe) müssen neue Mitarbeiterinnen und Mitarbeiter sofort, spätestens bei Aufnahme der Beschäftigung der Datenstelle der Rentenversicherungsträger gemeldet werden (§§ 28 a Abs. 4 SGB IV, 7 DEÜV). Bei Verletzung dieser Pflicht liegt i.d.R. **Schwarzarbeit** vor (§ 1 Abs. 2 Nr. 1 SchwarzArbG). Eine namentliche Anmeldepflicht besteht gegenüber dem Unfallversicherungsträger zwar nicht, dennoch wird bei Verstoß gegen die Meldepflicht zu den anderen Sozialversicherungszweigen eine **nicht ordnungsgemäße Beitragsentrichtung** auch zur gesetzlichen Unfallversicherung gesetzlich **vermutet** (§ 110 Abs. 1a SGB VII). Dies hat folgende **Konsequenzen:**

- **Besondere Haftung bei Schwarzarbeit:**
Unternehmerinnen und Unternehmer, die Schwarzarbeit erbringen, müssen dem Unfallversicherungsträger grundsätzlich alle Aufwendungen, die ihm durch die Entschädigung von Versicherungsfällen bei dieser Schwarzarbeit entstanden sind, erstatten. Diejenigen Arbeitgeberinnen und Arbeitgeber, die ihre Mitarbeitenden schwarz beschäftigen, tragen also ein ganz erhebliches Haftungsrisiko gegenüber dem zuständigen Unfallversicherungsträger.

- **Ausnahme:**
Es kann belegt werden, dass trotz des Verstoßes gegen die Meldepflichten die Beiträge zur Unfallversicherung ordnungsgemäß entrichtet wurden. Dann wäre die gesetzliche Vermutung der Beitragshinterziehung widerlegt.

- **Rechtsweg bei Auseinandersetzungen:**
Für die gerichtliche Geltendmachung eines Regressanspruches eines Unfallversicherungsträgers wegen Schwarzarbeit ist der Rechtsweg zu den Sozialgerichten und nicht der Zivilrechtsweg eröffnet (Urteil des Bundesgerichtshofs vom 14.04.2015, VI ZB 50/14).

Die Aufbringung der Mittel und die Beitragsberechnungsgrundlagen

Beitragspflichtig sind die Unternehmerinnen und Unternehmer, für deren Unternehmen Versicherte tätig sind. Die Versicherten selbst sind nicht beitragspflichtig.

Die Höhe der Beiträge richtet sich nach den Ausgaben des Unfallversicherungsträgers im abgelaufenen Kalenderjahr abzüglich der Einnahmen (z.B. Regresseinnahmen) zuzüglich gesetzlich vorgeschriebener Beträge für die Ansammlung der Rücklage, des Verwaltungsvermögens und der Altersrückstellungen sowie eines weiteren Betrags, der den Betriebsmitteln zuzuführen ist. Dieses **Umlagesoll** wird nachträglich auf die beitragspflichtigen Unternehmerinnen und Unternehmer umgelegt (§ 152 SGB VII). Man nennt dies **Umlageprinzip der nachträglichen Bedarfsdeckung.**

Die Verteilung des Umlagesolls (des Finanzbedarfs) auf die einzelnen Unternehmer richtet sich gemäß § 153 SGB VII nach

- **den Arbeitsentgelten der Versicherten** im einzelnen Unternehmen
- der Höhe der **Gefahrklasse,** zu der das Unternehmen veranlagt (zugeordnet) wurde und
- dem **Beitragsfuß.**

Die Satzung eines Unfallversicherungsträgers kann bestimmen, dass die Beiträge nicht nach Arbeistentgelten, sondern nach der Zahl der Versicherten unter Berücksichtigung der Gefährdungsrisiken berechnet werden (§ 155 SGB VII). Von dieser Möglichkeit haben beispielsweise einzelne Unfallkassen Gebrauch gemacht.

Bei der **Berechnung** der Beiträge

- berücksichtigen die **Entgelte das Entschädigungsrisiko der** Höhe **nach** (hohe Entgelte bedeuten hohe Leistungen),
- berücksichtigt die **Gefahrklasse** das Unfallrisiko in Unternehmen eines bestimmten Gewerbezweigs (das **Entschädigungsrisiko dem Grunde nach**) und
- regelt der **Beitragsfuß** den **Maßstab der Verteilung** nach der Höhe des Umlagesolls. Er wird jährlich vom Vorstand beschlossen.

Es gilt folgende Berechnungsformel:

$$\frac{\text{Entgelt} \times \text{Gefahrklasse} \times \text{Beitragsfuß}}{1.000} = \text{Beitrag}$$

Der so berechnete konkrete Beitrag kann noch durch das sog. **Beitragsausgleichsverfahren** beeinflusst werden, indem z. B. **Zuschläge** erhoben werden, weil sich im Unternehmen meldepflichtige Versicherungsfälle ereignet haben, oder **Nachlässe** gewährt werden, wenn dies nicht der Fall war (§ 162 SGB VII).

Für die Mitgliedsunternehmen der gewerblichen Berufsgenossenschaften mit Ausnahme der gemeinnützigen, mildttätigen und kirchlichen Einrichtungen kommen noch Beiträge aus der gesetzlich vorgeschriebenen **Lastenverteilung** hinzu, soweit deren Jahresentgeltsummen über dem Freibetrag in Höhe des Sechsfachen der Bezugsgröße liegen (§§ 176 bis 181 SGB VII). So werden unterschiedlich hohe Rentenaltlasten innerhalb der gesetzlichen Unfallversicherung solidarisch aufgeteilt.

Anhang

Die gewerblichen Berufsgenossenschaften (Anlage 1 zu § 114 SGB VII) und übrige Unfallversicherungsträger – Stand 01.01.2021 – unter Angabe des jeweiligen Sitzes der Hauptverwaltung

Gewerbliche Berufsgenossenschaften:

- Berufsgenossenschaft Rohstoffe und chemische Industrie (BG RCI)[1], Kurfürsten-Anlage 62, 69115 Heidelberg, *www.bgrci.de*
- Berufsgenossenschaft Holz und Metall (BGHM)[2], Isaac-Fulda-Allee 18, 55124 Mainz, *www.bghm.de*
- Berufsgenossenschaft Energie Textil Elektro Medienerzeugnisse (BG ETEM)[3], Gustav-Heinemann-Ufer 130, 50968 Köln, *www.bgetem.de*
- Berufsgenossenschaft Nahrungsmittel und Gastgewerbe (BGN)[4], Dynamostr. 7 – 11, 68165 Mannheim, *www.bgn.de*
- Berufsgenossenschaft der Bauwirtschaft (BG BAU), Hildegardstraße 29/30, 10715 Berlin, *www.bgbau.de*
- Berufsgenossenschaft Handel und Warenlogistik (BGHW)[5], M 5, 7, 68161 Mannheim, *www.bghw.de*
- Verwaltungs-Berufsgenossenschaft (VBG)[6], Massaquoipassage 1, 22305 Hamburg, *www.vbg.de*
- Berufsgenossenschaft Verkehrswirtschaft Post-Logistik Telekommunikation (BG Verkehr)[7], Ottenser Hauptstraße 54, 22765 Hamburg, *www.bgverkehr.de*
- Berufsgenossenschaft für Gesundheitsdienst und Wohlfahrtspflege (BGW), Pappelallee 33/35/37, 22089 Hamburg, *www.bgwonline.de*

Übrige **bundesweit zuständige Träger**:
Unfallversicherung Bund und Bahn (UVB)[8], Weserstr. 47, 26382 Wilhelmshaven/Salvador-Allende-Straße 9, 60487 Frankfurt am Main, *www.uvbund bahn.de*
Sozialversicherung für Landwirtschaft, Forsten und Gartenbau (SVLFG), Weißensteinstraße 70 – 72, 34131 Kassel, *www.svlfg.de*

Weitere Unfallkassen, Gemeindeunfallversicherungsverbände und Feuerwehrunfallkassen:
dguv.de/de/BerufsgenossenschaftenUnfallkassenLandesverbände

Neben den Hauptverwaltungen unterhalten die meisten Berufsgenossenschaften Bezirksverwaltungen, die vornehmlich für die Entschädigung der Arbeitsunfallverletzten und Berufserkrankten zuständig sind.

---

1 entstanden durch Fusion der Bergbau-BG, Steinbruchs-BG, BG der chemischen Industrie, Papiermacher-BG, Lederindustrie.BG und Zucker-BG
2 entstanden durch Fusion der Hütten- und Walzwerks-BG, Maschinenbau- und Metall-BG, BG Metall Nord Süd und Holz-BG
3 entstanden durch Fusion der BG Energie Textil Elektro und der BG Druck und Papierverarbeitung, weitere Vorläufer: BG der Gas-, Fernwärme- und Wasserwirtschaft, BG der Feinmechanik und Elektrotechnik sowie Textil- und Bekleidungs-BG
4 entstanden durch Fusion der BG Nahrungsmittel und Gaststätten mit der Fleischerei-BG
5 entstanden durch Fusion der BG für den Einzelhandel und der Großhandels- und Lagerei-BG
6 entstanden durch Fusion der Verwaltungs-BG mit der BG der Straßen-, U-Bahnen und Eisenbahnen, weiterer Vorläufer: BG der keramischen und Glas-Industrie
7 entstanden durch Fusion der BG für Transport und Verkehrswirtschaft mit der Unfallkasse Post und Telekom zum 01.01.2016, weitere Vorläufer: BG für Fahrzeughaltungen, See-BG, Binnenschifffahrts-BG
8 entstanden durch Fusion der Unfallkasse des Bundes und der Eisenbahn-Unfallkasse zum 01.01.2015

Stichwortverzeichnis

Abkürzungen

Abs. = Absatz
BG = Berufsgenossenschaft
BGB = Bürgerliches Gesetzbuch
BGBl. = Bundesgesetzblatt (römische Zahlen = Band, arabische Zahlen = Seite)
BK = Berufskrankheit
BKV = Berufskrankheiten-Verordnung
BSHG = Bundessozialhilfegesetz
DEÜV = Datenerfassungs- und Übermittlungsverordnung
d.h. = das heißt
ff. = folgende
i.d.R. = in der Regel
i.e.S. = im engeren Sinne
i.H.v. = in Höhen von
i.S. = im Sinne
i.w.S. = im weiteren Sinne
JAV = Jahresarbeitsverdienst
MdE = Minderung der Erwerbsfähigkeit
Nrn. = Nummern
OWiG = Ordnungswidrigkeitengesetz
RVO = Reichsversicherungsordnung
s. = siehe
s.a. = siehe auch
s.o. = siehe oben
S. = Satz (bei Paragraphen-Angaben)
S. = Seite
SchwarzArbG = Schwarzarbeitsbekämpfungsgesetz
SGB I = Sozialgesetzbuch, 1. Buch
SGB III = Sozialgesetzbuch, 3. Buch
SGB IV = Sozialgesetzbuch, 4. Buch
SGB V = Sozialgesetzbuch, 5. Buch
SGB VI = Sozialgesetzbuch, 6. Buch
SGB VII = Sozialgesetzbuch, 7. Buch
SGB IX = Sozialgesetzbuch, 9. Buch
SGB X = Sozialgesetzbuch, 10. Buch
SGB XI = Sozialgesetzbuch, 11. Buch
StGB = Strafgesetzbuch
u.a. = unter anderem
u.U. = unter Umständen
UV-Träger = Unfallversicherungsträger
UVV = Unfallverhütungsvorschrift
VG = Verletztengeld
vgl. = vergleiche
z.B. = zum Beispiel